治的思考

田 敦
Atsushi Sugita

岩波新書
1402

まえがき

政治についての次のような見方をどう思いますか。

決め方は決まっている
代表に任せればいい
正しい答えはわかっている
自分には権力はない
自由とは放任だ
国家など要らない
政治の邪魔をするな
敵が誰かは知っている

本書では、このいずれとも別の見方を示します。それを通じて、政治的に考えるとはどういうことなのかを、明らかにしていきたいと考えています。

目　次

第一章　決定

——決めることが重要なのか

決めることは捨てること

まず、決めることについて考えてみましょう。何も決めないときにはあらゆる可能性が開かれています。たとえば、結婚相手が決まっていない段階では、未婚のすべての人と結婚する可能性が論理的にはあります。あくまでも論理的には、ですが。いったん結婚相手を決めると、他の人とは(しばらくの間は)結婚できなくなります。一人を選ぶということは、他の選択肢を閉ざしてしまうことです。

決めるということは捨てることを意味するのです。私たちの人生はそうした選択の連続であり、選択は必要なわけですが、同時に恐ろしいことのようにも感じます。決定にはある種、残酷な面があります。私たちは日々、いろいろな選択をしますが、選んだものは意識する半面、捨て去ったものをふり返ろうとはしません。

当たり前だと思われるかもしれません。けれども、政治において「決める」ことについて考えるときに、このことの意味が十分に考えられていないのではないかと思うのです。政治の世界では意思決定や政策決定の重要性が強調されますし、なかなか決断できない政治に対して、「決められる政治」を、という言い方もされます。政治とは決めるためにこそあるのだ、政治の本質は決定だ、という前提がそこにはある。しかし、そこから出発してしまうとき、見えなくなってしまっている大事なことがあるのではないか。

大きく二つのことをつねに意識する必要があります。一つは、政治的な決定は重大な線引きをすることになりますが、それによって、内側と外側とが切り離されるという点です。最も典型的なのは領土です。ある国の領土とされた土地は、他の国の領土とは考えられなくなります。国境線の設定は、多くの場合、たまたまそうなったということにすぎないのですが、にもかかわらず、いったん決まると、それを守ろうとする強い力がはたらく。それは、一度、国境線というものの流動化が始まると、それは他の国境線にも及び、秩序が不安定化しかねないからです。国境線を定めることで、国家の権力がどこまで及ぶかが決まり、物事の秩序が整理されます。権力による保護の対象となる人びとの範囲も決まりますが、それは、対象とならない人びとが外へ追い出されることでもあるのです。国境線以外にも、さまざまな線引きがあります。たとえば、公害病や放射線被害などについて、補償の対象となる人びととそうでない人びととの間に線を引くことで、本来、対象となってもおかしくない人びとが排除されることも多いのです。

こうした範囲をめぐる切断に加えて、二つめに、何かを決めた瞬間を起点にして、その前後で物事の性格が変わるという点もあります。決めることで、時間的にもある種の切断が起こる。体制の選択や革命、戦争の開始などは、重大な決断ですから、誰しも時間的な不連続性を意識するでしょう。私たちは、先の戦争の前後という区分が、今でも意味をもっていると感じています。フランス革命の前と後といった区分は、フランスだけでなく世界の人びとにとって、大きな意味をもち続けています。そうした大きな話に限らず、些細に見える決定であっても、それによって人びとの時間は変わります。たとえば、ある税制の導入や補助金の廃止など、何らかの制度変更によって、自分の仕事が大きな影響を受け、生活が一変するということもある。健康被害への補償の場合、対象となる期間が限定されることによって、排除される人びとも出るのです。

たしかに決定といっても、個人的な決定と集合的な決定とは異なりますが、個人的な決定にしても、完全にその人が自由に行えるわけではありません。なんでも好きなようにできるわけではなく、いろいろな事情や制約条件がある。そして、私たちにとっていつも納得がいく条件ではないのがふつうです。制約条件が私たちに押しつけられるわけで、そういう事情の中で個人の選択は行われる。だから自分自身の選択ではあっても、不本意な場合もありうるのです。

　まして政治は、みなのことについて決める営みです。複数の人びとの間の集合的な決定にかかわるわけで、そのために、政治は個人的な決定とは別の水準の理不尽さをもたらすものとして、私たちに意識されることが多い。複数による決定ですから、自分の意のままにはいかないことも少なくないのです。全体を称する多数派の都合のために、自分が損をすることだってある。だからといっていつも従わなければ、決定すること自体が無意味になってしまいます。この世に自分一人だけで暮らしているわけではないですから、集合的な決定は避けられるものではありません。納得はいかないけれども受け容れないわけにもいかない。このあたりから、政治というものにはある種の不愉快さ、押しつけがましさがつきまとうことにもなるわけです。

　政治における決定の意味について、「誰が」「何を」「いつ」「どのように」決めるかという具合に分けて考えてみます。

「誰が」決めるのか

　第一に「誰が」決めるのか。政治は集合的な決定にかかわることだと述べました。ですから、「誰が」という場合、それは何らかの集合ということになります。ただ、その集合とはどの範囲か、どういう人たちから成るのかということは、自明ではありません。

とりわけ民主政治は、関係するすべての人びとで決めるという政治のあり方です。しかし、その「関係するすべての人びと」とはどの範囲なのか。人間である限り、誰でもどこにいる人でもいつでも参加できるかといえばそうではないでしょう。物事を決めるためには、誰が決めるかを確定しない限り、決めることはできません。地上の人間すべてが参加しなければならないということになると、何も決めることはできなくなる。何らかの線引きはどうしても必要だということになります。

国民国家の時代には、国民があらゆる事柄についての最終的な決定単位だとされてきました。国民が決めるのだ、と。しかし、なぜ決定主体として国民を指定しなければいけないのでしょうか。実際、今日、重要な事項のすべてが国民という単位によって決められるようなものではないことが、誰の目にも明らかになってきました。たとえば、環境問題は国境を越えてしまいます。経済のグローバル化の中で、それぞれの国民が何を決めようと、外国の経済事情などによって大きな影響を受けてしまいます。

このように、誰が決めるべきかがよくわからなくなっているのが現状なのですが、それは、ある意味では私たちが原点に戻っていると言うこともできます。というのも、誰が決めるかを決めること自体、本来、重大な政治的争点だからです。誰が決めるかを決めたときに、結論がおおむね決まってしまうということが多くあるのです。

いくつかの例を挙げてみます。一つめは、ある国から特定の地域が分離独立したいという場合です。実際、世界では民族紛争の中で、特定の地域が分離独立を求めることは多くあるわけですが、その場合、分離独立したがっている地域が決定権をもって、住民投票などで決めるのか、それともその地域が所属している国全体で決めるのか。本来はどちらでもありうるわけですが、もし前者なら、分離独立は認められるでしょうし、後者であれば、おそらく否決されることでしょう。このように、実際の投票などがなされる前に、決定する単位が決まった時点で、かなりの程度結論が出てしまう場合があるのです。

二つめは、迷惑施設や危険施設と言われるような施設の立地や運用について、どの単位が同意すればいいのかという問題です。原子力発電所や軍事基地、ゴミの処分場などをつくってもいいかどうかは、立地自治体とされている村や町や市が決めるのか。それとも、その市町村が含まれる都道府県なのか。あるいは主権国家なのか。さらにいえば、ヨーロッパ連合のような、国境を越えた広域の共同体のような範囲なのか。どれも可能であり、しかもどれも決め手に欠けています。

負担が及ぶのはどこまでか、あるいは逆に利益を受け取れるのはどこまでか、ということで、関係者の範囲は自ずから決まってくるという考え方もあるかもしれません。しかし、実際には、どこかで線を引くことは難しい。きれいに整理できるものではないのです。迷惑施設について、立地された地元に利益誘導が行われているとすれば、そこでは確かにリスクは大きいけれども、利益もあるでしょう。もう少し離れたところでは、リスクはあるのに利益はないかもしれない。さらにもっと遠くへ行くと、利益だけがあってリスクはないかもしれない。そういういろいろな可能性があります。簡単に言えるものではありません。

こういう例を見ると、「決めるのは誰かを決める」ということが、政治においてきわめて重要な意味をもっていることを確認できます。しかも、それに関する一般的なルールというものがあるわけではない。にもかかわらず、この点をあまり意識せずに、制度がこうなっているからとか、従来こうやってきたからという考え方で済ませてしまうことが多かったのです。

誰が決めるかを決めておく装置

誰が決めるべきかを決める根拠がないという、この面倒な問題を封印する手段として使われたのが「主権」という概念でした。主権というのは、決定単位がさまざまにありうる中で、最終的な決定単位をあらかじめ決めておくというものです。主権をもつとされる単位と別の単位との間で意見が異なった場合には、主権のほうを優先することになります。要するに、主権というものを考えることによって、本来整理がつかない線引きの問題を解決、というよりも回避してきたわけです。

フランス革命以来、主権は国民という単位と結びついて、国民主権という形をとっています。この国民という単位はかなり恣意的に形成されたものです。誰と誰がある国民に属し、誰は違うのかということに、あまり強い根拠があるわけではありません。先祖がたまたまある時点である場所にいたという以外の意味を見出せない場合が多い。そのように根拠に乏しい単位であるにもかかわらず、国民というものが非常に大きな意味をもたされたのはなぜかといえば、それは絶対的な決定単位を決めたいという欲望に発しているのです。あえていえば、何でもいいから安定的な単位を決めて、そこに権力をもたせたいというのが、私たちの近代国家システムなのです。

君主主権の場合は、王が絶対的な権力をもち、その領地の臣民に対して権力が行使されます。権力の主体と客体が明確に分かれているわけですから、これはわかりやすい。それに対して、国民主権の場合、国民が全体として絶対的な権力をもっているとされるわけですが、その権力は誰に対して行使されるものかというと、国民自身に対してということになります。国民全体が、権力の主体であるのと同時に客体であるわけです。これは非常にわかりにくい。なぜこんな無理をしてまでも国民が中心的なものとして考えられているかというと、それは主権という概念を成り立たせるためであり、主権をなぜ成り立たせるかというと、まさに支障なく決定をするためなのです。物事を決めるためには、決めるのは誰かを決めなければならない。そういう強い要請の下で、この主権という装置が無理矢理つくられ、維持されているということです。

主権があることによって、決める過程が円滑になる。主権的でない、他の単位が決定しても、それは場合によっては捨てられてしまう。いろいろな地域から声が出てきても、それは主権の前では雑音として無視される。要するに、主権があることによって、決定過程は整理されますが、それは同時に、多くのものが顧みられることなく捨て去られる可能性を意味するのです。迷惑施設が一部の地域に押しつけられ、それについて地域住民がどんなに抗議してもどうにもならない、といった形で、主権の作用は現れます。

ところが、こうした状況に、大きな変化が見られるようになっています。ある閉ざされた国境線の中に囲い込まれた国民が最終的に決める主体である。そのことが、国内の一部の人びとにとって不利益であったり理不尽であったりするだけではなくて、より広い範囲にとって、合理的な決定に結びつかない可能性が出てきている。それがいわゆる「リスク社会」といわれる問題です。原発事故などの場合に典型的ですが、それがもたらす汚染などの影響は国境を越えて広がります。しかし、原発をつくるかどうか、そしてどこまでの安全対策をするかといったことは、それぞれの主権国家で決められることになってしまっており、隣の国も口が出せません。こうしたことが合理的と言えるでしょうか。また、経済活動が国境を越えて行われている時代に、ある主権国家の決定が他の国の経済にまで重大な影響を及ぼすのに、国民という単位でそれぞれ勝手に経済的な決定を行うことがよいのかどうか。

誰が決めるかをあらかじめ決めておくという枠組みが、合理性を確保できないような状態が生まれているのです。にもかかわらず、主権の概念にしがみつき、国民という単位に閉じこもることで、何とかしようとあがいているのが政治の現状です。

「何を」決めるのか

第二に、「何を」決めるかについて考えてみます。政治における争点の設定の仕方の問題です。ところが、実はここにも恣意性が紛れ込み、しかもそれが大きな政治的意義をもってきます。重要なのにあまり意識されていない問題がここにもあります。

まず、会議での議長はどういう役割を果たしているのか。議長は議論の中で賛成や反対という意見をはっきり言ってはいけないことになっています。最後に表決して同数となり決着が付かないときに、議長が自分の立場を明らかにすることはありますが、それまでは立場を明確にはしない。ですから、たとえば議会でも議長になったら、政党を離脱することになります。しかし、その議長は大きな力をもっている。なぜかといえば、議案の提出や議事の進行について影響力があるからです。会議で何を扱い、何を扱わないのかという選択に関して力をもっている。

それから会議や審議会で通常、官僚が担っている事務局もまた大きな力をもっています。事務局が強いのは、誰が会議のメンバーとなるのかをはじめ、何を議題とし、どこからどこまで議論するかについての案を提出したりするからです。

どんな政治的決定についても、議題の決め方で決定の内容が左右されるということがあります。たとえば、重大な失敗が生じたときには、原因を究明して、その責任を追及しなければなりません。ところが、物事の因果関係というのはつながっており、どこまでさかのぼるべきか、決まっていません。たとえば、ある施設で重大な事故が起き、その原因究明をしようとする。その場合、事故後の対応が悪くて事態が悪化したという場合もあるでしょうが、事故以前にさまざまな問題があったのかもしれません。その施設の建設の仕方を問題とすることも考えられるし、さらには、施設をそこにつくるという決定をしたこと自体が問題だったのかもしれない。一連の連鎖のどこを見るのかによって、何が事故の原因とされるのかが決まってきます。そして、それぞれの時期ごとに責任者は違うでしょうから、どこに光を当てるのかを決めた時点で、言い換えれば、何を問題とするかを決めた時点で、責任を誰に問うかもある程度決まってしまうのです。

このように、何を取り上げるかということが大きな意味をもっている。それ自体が政治です。取り上げられなかった事柄はどうなるかといえば、まだ実現していない事柄については、決定がなされるまではそれはないままです。他方で、すでに行われている事柄については、取り上げられなければ、その事柄は基本的には続いていくことになります。したがって、現状維持が最適と判断している側は、ふつうは、その問題を政治的争点にしないようにしたほうが有利です。逆に現状を変えたい側は、争点にしなければなりません。

憲法改正は争点か

戦後の日本では憲法改正問題をめぐって、一種の、争点化をめぐる政治が行われてきました。憲法を変えたい人びと（改憲派）の中には、戦争放棄などを決めた第九条を変えて、戦争ができる軍隊をもつべきだというはっきりとした考えをもった人もいました。しかし、憲法の書き直しこそが主権を行使する絶好の機会だととらえ、改正そのものに意義を見出そうとする人びとも少なくありませんでした。そうなると、いわば改正のための改正論です。世論調査をすると、改正すべき点はわからないけれども、改正そのものには賛成という意見もかなりあります。こうした人びとにとっては、憲法改正の是非そのものが争点となっています。ふつうの法律について、漠然とどこかを変えようという議論をする人はいないと思いますが、憲法についてはそういう話も出てくるようです。

一方、第九条がなくなれば日本は再び戦争を始めかねないといった考えから、憲法改正は不要であるとする人びと（護憲派）もいます。彼らは、憲法改正の必要性をそもそも認めないことで、いわば「前哨戦」で有利な立場に立つことを目指してきました。改憲の争点化そのものを避けたわけです。これは、彼らからすれば当然の戦術で、それ自体として非難されるべきことではありません。また、そもそも憲法がふつうの法律より改正しにくくなっているのは、勢いで軽はずみな変更がされないようにするしくみです。

しかし、一つ問題があります。先ほどもふれたように、物事を決めることは、時間的な切断、時間的な断層を持ち込むことです。特に憲法の改正は体制の変化を意味するので、非常にはっきりとした切断となります。護憲派は、現在の憲法をこれからも保ち、新たな断層をつくるべきではないとしているのですが、その一方で、明治憲法から現憲法への改正の意義は、つまり戦前と戦後の間の断層の重要性は強調するわけです。この点で、一貫していないのでないかという印象を与えかねないのです。

私自身は、こう考えています。私たちにとって何より大切なのは、憲法を前提として長い間に積み重なったさまざまな実践です。たとえば、権利というものは、ただ言葉として憲法典に書いてあるだけではあまり意味はなく、具体的にどのような行為が許されるか、という実績が大切なのです。権利は、それが主張され、勝ち取られている限りで存在しているものだからです。第九条をめぐって積み重ねられてきた判例や見解にも重みがあります。そのように蓄積した全体が、広い意味での憲法です。もちろん、憲法が箸にも棒にもかからないようなものなら、変えるべきでしょう。しかし、そうでないとすれば、具体的な法律や政策をめぐって議論したほうが、生産的な場合が多そうです。

なお、このほかにも、国境紛争が存在することを認めるべきかどうかといったことも、同じような種類の問題です。ふつうは、領土を実効支配している側は、いわば既得権を握っているわけですから、自分から争点化することは避けます。当然自分たちのものであり、争点化には根拠がないと主張するわけです。他方、実効支配していない側は、紛争が現にあり、争点だと主張しなければどうにもなりません。実効支配している領土について、わざわざ争点化しようとする政治家がいたとすれば、とうてい合理的とは見なされません。

「いつ」決めるのか

三番目に、「いつ」決めるかという問題です。政治的決定は空間的にも時間的にも不連続性を持ち込むわけですが、そのタイミングが問題となります。

討論や議論を続けている限り、決めることはできません。慎重に議論していれば、なかなか結論を出すことはできないでしょう。しかし、それに加えて、自分たちの意に染まないような決定が行われないように、議論しているふりをして決定を先送りさせるということも可能です。討論を打ち切って採決しようとすれば、横暴な「強行採決」だという批判をするわけです。議論の引き延ばしがあまりに行き過ぎれば、これはこれで問題でしょう。しかし、逆に議論を軽視し、自分たちが多数派であるのをいいことに、性急に採決に持ち込もうとする人びとがいるとすれば、それはやはり非難されなければなりません。討論と決定との間には、こういう緊張関係があるわけです。

結局は、ほどほどに議論をして、ほどほどのところで決定するしかないのですが、では何がほどほどかというと、それにも決まった解というものは存在せず、人によって考え方が違ってくる。「ほどほど」の解釈をめぐる政治というものが避けられない。何が「ほどほど」なのかをめぐって、議論し続けることさえ可能です。

次に考えておきたいのは、決定をめぐる時間軸についてです。決定の効果が、それに関与しなかった将来の世代にまで及ぶことをどう考えるのかということです。私たちが何かを決めると、そのことの効果が将来にわたってずっと及ぶことがあります。たとえば、長期にわたってきわめて有害な廃棄物や排出物をたくさん残すようなものをつくる決定をすること、あるいは、後の世代に大きな財政的な負担を残すような形で国債を発行することなどです。自分たちの使う分をすべて負担するよりは、後世にツケを回すほうが、現在の有権者にとっては楽なので、そうした方向に流れがちです。

かつて国債発行があまり問題にならなかったのは、経済成長が前提になっていたからです。いろいろな負担を残すとしても、経済成長が続けば、それによって負担分は吸収されるだろう。経済成長の種をいま蒔《ま》くのだから、将来は負担の部分を補って余りあるような結果が得られるだろう。そのように考えて、未来の世代に対して自己正当化をしてきたわけです。

ところが、これまでのような経済成長を期待できなくなっている今、後世の負担はそのまま負担として残る可能性がかなり大きい。人びとの多くはそう思い始めています。そのような中で、どこまで将来世代に対して負担を残すような決定をしていいのか。これは大問題です。これもまた考えが分かれるところですが、経済成長を前提にできないのであれば、長期的に大きな負担を強いるような決定は極力避けるべきであり、できるだけ短期間に帳尻が合うような形を考えるべきなのです。たとえば、廃棄物などのツケが後世にあまり回らないようにすることを前提にして、エネルギー等のあり方を考えるべきだと思います。

そうすると、「国家百年の計」のような国土改造計画、大規模で長期的な事業などはどうなるのか。近視眼的なチマチマとした政策しかできないのではないか。そういう批判も当然出てくるでしょう。右のような考え方とは対立する。これこそが、重大な政治的問題のありかを示しているのです。私たちの政治的な決定は、どういう時間軸をふまえて行われるべきものなのか。このこと自体が大きな争点なのです。従来、ほとんど意識されていないことですが。

時間軸の問題は、法律というものをどう扱うかをめぐっても存在します。法律はこれまで、それが発効した瞬間から無期限に効力をもつものと考えられてきました。この背景には、ある時代において正しいと考えられたルールは、他の時代でも正しくあり続けるはずだという考えがあります。しかし、根拠はあるのでしょうか。

現代社会において状況はつねに変化し続けています。また、さまざまな制度がつくられては失敗していることを考えると、普遍的なルールづくりにそれほど期待できるとは思えません。そう長く影響を及ぼすような決定ではなくて、五年間あるいは一〇年間だけ効力をもつ時限立法などをもっと活用するという考え方もありうるのではないでしょうか。延長するかどうかは、あらためて検討すればいいのです。

しかしこれに対しては、法的な安定性がなくなってしまうのではないかという批判が出てくることでしょう。たとえば、期間限定で何かをやることになると、その前後に「待ち」や「駆け込み」的な行為がたくさん起きるのではないか、と。仮に、来年から五年間飲酒を禁じるという禁酒法ができたとすれば、その前に駆け込み需要が発生して多くの人が酒に溺れてしまう。そして五年後に解禁されたあとでも同じことが起きる。これは極端な例としても、法律の有効期間が限定的であることで、法が目指しているのとは逆の効果が生じることもありえるわけです。

たしかにこうした批判にも理由はありますが、時限立法の活用という考え方には、私たちが決定の時間的な射程について、あまりにも無頓着であり続けたことへの反省が込められていると思うのです。

「どのように」決めるのか

四番目に、「どのように」決めるかです。これは、誰が決めるかということともかかわってきます。

古代ギリシア以来、政治制度を区別する「政体論」というものがあります。一人が決める君主政、少数者が決める貴族政、そして多数者が決める民主政といった区別です。決めるという観点からいえば、君主が一人で決めるのが一番手っ取り早いし、決め方に関する争いも起こらない。君主が決めてしまえば、そこで終わりなわけです。

決める人の数が増えてくると、その間での調整が不可欠になる。いろいろな声が持ち込まれるわけですから、調整がうまくいくとは限らないし、決定までに手間がかかる。そこで、面倒なので、わずかな人だけで決めてしまえばいいではないかという意見が出てくる。決定という点からすれば、たしかにそのほうがわずらわしさはありません。問題は、いつもまともな人が決定者になるとは限らないということです。悪い君主であったら、目も当てられない独裁となる。一人が決める体制は危険も大きいのです。これは、さまざまな歴史的な出来事によって証明されています。

かといって、独裁の危険性ということだけでは、民主政治が必要な理由として十分ではないかもしれません。なぜ民主政治が必要なのか。民主政治は決定にすべての人びとが参加する政治体制ですが、なぜそうでなければならないのか。正面からあらためて問われると、そう簡単には答えられない問いです。どう考えたらよいのでしょうか。

私たちの社会も、すべての場で民主的な決め方をしているわけではありません。それどころか、現代社会で実績を上げているのは、結局は企業ではないかとして、現在では、企業のような組織のあり方が信用されています。

企業では、実際に働いている従業員のほとんどは、経営にかかわる決定に参加することはできません。企業は基本的にはピラミッド型の組織で、上の決定を下に伝達するという組織運営をしている。特に近年ではアメリカの影響もあって、決定権限を上に集中させるような企業統治の方向に進んでいます。もちろん企業のしくみの中でも、株主総会は、ある種の民主的な決定を取り入れています。ただこれも、株をたくさん保有している人が多くの発言権をもっているので、民主政治のような意味で発言権の平等が保障されているわけではありません。要するに、企業は求心的な構造をもち、決定者を限定しているわけで、民主的とはいえない組織です。

いまでは、こうした企業の組織のあり方にならおうという動きが社会の中で強まっています。大学もそうです。大学の政策決定は、教職員が中心となって行うのが一般的でしたが、外部の経営専門家を導入したり、理事会の権限を強化したりして、企業と同じようなピラミッド型組織に変化させようとする動きがある。

しかし、私たちは、国や自治体の政治については、相変わらず民主政治でやっています。

私たちが政治家を選挙で選び、その政治家がさまざまな意見をぶつけ合い、その間で調整をした上で決定を下す。そのような非効率で手間のかかる面倒なしくみを手放さないのはなぜなのか。

外国もみんなそうしているから、という答え方もあります。これはこれで一つの知恵ですし、世界標準というものを軽視すべきではありません。しかし、企業法人的な決め方が浸透しつつある中では、それだけでは十分な答えではないでしょう。私は、民主政治が必要な理由には大きく二つあると考えています。

一つには、自分にかかわることを、自分の知らないところで他人に勝手に決められたくないし、そうされては困るという意識が人びとの間に強いことです。これが民主政治を根本のところで支えている。民主政治の理由を突き詰めていくと、こうした自己統治や自己支配への欲求にぶつかる。集合的な決定ではあっても、自らの運命を左右しかねないことについては、決定に自分自身がかかわらないと納得できないということです。

それと表裏の関係ですが、二つめは、民主的な決定については、関係者が納得しやすいということです。民主政治で決められたことについては、たとえ自分の意思とは違う結果だとしても、他の決め方に比べれば、それが自分たちの決定だという意識をもちやすく、決定の後において、抵抗や反発が出てくることが少ない。つまり、決定「後」の円滑さという点では、民主政治に優るものはないといえるのです。

民主政治へのいらだち

しかし、決定「前」に関しては、民主政治はたしかに時間がかかる。多くの人びとが話し合って決めるのですから当然のことです。時間がかかる民主政治にいらだち、「決められない政治」を非難し、素早い決断を求める傾向が出てくるのはこのためです。権力の集中への欲求です。

民主政治である以上、政治がうまくいかなかった際の責任は、最終的には私たち有権者にあるはずです。もちろん、どんな政治も完全な形の民主政治とはいえないでしょう。私たち一人一人は、一〇〇万分の一、あるいは一億分の一の声でしかないという感覚をもち、無力感を感じています。しかし、それでもなお、自分たちが政治の当事者であるということを放棄してしまえば、私たちはそのときこそ本当に無力となってしまいます。責任を認めることは、当事者性を主張する前提のはずです。

ただ人間というのは勝手なもので、うまくいったときには自分の手柄にしたいけれども、うまくいかなかったときには、誰かのせいにしたいものです。すべてを決めてくれる政治家を求める声はこのあたりから出てくる。「強いリーダーシップ」の要求とは、失われた「王様」を改めて待望する声です。

しかし、それなら民主政治を本当にやめてしまってもいいのかといえば、それはそれで、広く賛同を得られそうにはありません。自分たちが当事者でありたい、決定に参加したいという欲求も人びとは強くもっているからです。その証拠に、いまの政治で一般的なしくみである代表制では自分たちの思いが伝わらないから、より直接的に参加したいという声も強い。政治家たちは、自分たちを無視して勝手に行動しているのではないか、自分たちをないがしろにしているのではないか、というわけです。

現在、民主政治へのいらだちは、政治家や政党に対する拒否権の行使という形で表れがちです。つまり、「強いリーダーシップ」を求めて特定の政治家をまつり上げたり、新たに生まれた政党に大きな期待をもったりするものの、その限界を見るやいなや引きずり下ろし、今度は別の政治家や政党に期待する。しかしそれもまた裏切られるということを繰り返し、次々にひんぱんに交代させる。もちろん、政権交代は民主政治の大切な部分ではありますが、同時に、政治家や政党を支えて権力を安定させることも必要であり、そのバランスが求められます。「強いリーダーシップ」への過大な期待は、幻滅の連鎖を通じて、政治そのものの否定につながりかねません。

先ほどから述べているように、最終的な決定主体としての主権が成り立ちにくいような状況になっている中、政治に負荷をかけすぎることは、政治を失わせることにつながるでしょう。

政治と速度

物事を決めることの意味について見てきましたが、その関係で、ここで一つ考えておきたいことがあります。政治には時間がかかる。このことをより積極的に評価することはできないでしょうか。

今の世の中の趨勢は、物事を早く決めたいという決断主義です。何を決めるかよりも、決めること自体を自己目的化している面すらあるように思われます。そしてこの背景に、私たちの社会で経済が占めている部分の拡大があることは明らかです。経済活動や情報の流れなど、あらゆるものがスピードを増しています。政治も、経済の足手まといにならないように、これに合わせるべきだ、という声が高まっている。高速の時代において、民主政治は何という遅延行為なのか、というわけです。

しかし、権限をもつ誰かがさっさと決めるのではなく、みなで議論して決めるようなやり方に、意味はないでしょうか。実は、早い流れに抗することそのものに意義があるのではないか。経済や情報の流れは、その場その場での即座の対応を迫ってきます。過去をふり返っている時間はそこにはありません。自分のやっていることが、未来に対してどんな影響を及ぼすのかを、立ち止まって考えている余裕もない。その結果として、経済合理性だけを追求し、目先の利益や便利さだけを求めていけば、私たちはとんでもない間違いをしてしまうかもしれません。

こうした趨勢そのものを変えることはできないとしても、その一方で、過去と未来の間としての現在にふみとどまって、自分たちの行動がもたらす影響について、考えをめぐらしてみることも必要なのではないでしょうか。

時代の流れに乗って早く決めなければならない、政治ももっとスピードアップするべきだという考えは、政治の否定につながります。政治の大きな存在意義は、そうした流れに逆らうところにあるのではないかと思うのです。

第二章　代　表
――なぜ、何のためにあるのか

代表は可能なのか

私たちの政治は、代表を通じて行うのが一般的となっています。代表民主制、あるいは議会制民主主義などと呼ばれる形をとっているわけですが、では、代表とはいったい何なのでしょうか。考えてみると、これがよくわからない。私たちを代表するということはどういうことなのでしょうか。それはそもそも可能なことなのか。

たとえば、私という個人を、誰か別の人間が完全に代表するなどということを考えられるのでしょうか。自分の親でも、配偶者でも、自分の考えをすべて理解してくれるなどということはありえないでしょう。それなのに、赤の他人に何がわかるというのでしょうか。代表について考えるときには、そういう前提から出発する必要があります。さらに考えてみると、次のような疑問が具体的に浮かんできます。

第一に、私たちの意見は多様なのに、それをどう代表できるのかということです。私たちは政治家に代表されるわけですが、私たち代表されるものはきわめて多様です。どんな集団であっても、その中にはいろいろな人びとがいて、多様な意見をもっている。そうした何千人、何万人、何千万人という人を、まとめて誰かが代表するなど考えられるでしょうか。意見の複数性を考えると、誰か特定の個人や集団が全体を代表するということには、所詮、無理があります。

ふつう、代表はある集団の中の多数意見を代表するものとされています。たとえば、一〇〇人の中で五一人の人がAさんが代表としてふさわしいと言い、四九人の人はBさんのほうがいいと言った場合、五一人が選んだAさんが一〇〇人全体の代表になるわけです。なぜAさんは、Bさんを選んだ四九人の側も含めた全体の代表になってしまうのか。割り切れないものが残るでしょう。この代表は本当の代表ではないという感覚が出てくるのも避けがたい。

さらに、私たちの体制では、その代表が集まって、代表の代表を選びます。日本の議院内閣制では、国民の代表として選ばれた国会議員が集まって、内閣総理大臣を選ぶ。この選ばれた内閣総理大臣は、日本の最高権力者ですが、代表の代表ということですから、代表されているはずの私たちから見れば、ずいぶんと疎遠に感じられる。「本当に自分たちを代表してくれているのか」という感覚がつねにつきまとうことになります。

代表に対する第二の疑問は、数多くの争点をセットにして代表を選ぶことができるのか、ということです。私たちはAさんかBさんかを選ぶ。あるいは、C党かD党かを選ぶ。そういう選択をしているのですが、実際には政治的な争点は決して一つではなくて、福祉、税制、教育、環境、防衛などいろいろあるわけです。そうすると、ある問題についてはAさんの意見に賛成だけれども、別の問題についてはBさんの意見のほうがいい、ということがありうる。すべての争点について自分と意見が完全に一緒という候補者はまずいないでしょう。

Aさんが代表となったとして、環境問題についてはAさんの政策に賛成だけれども、福祉問題については反対なのだと私が思っている場合でも、Aさんが代表に選ばれれば、福祉問題についてもAさんが私の代表ということになってしまう。これをいったい、どういうふうに受け止めたらいいのか。

それから第三の疑問として、時間の経過という点があります。代表を選出した後になって、想定していなかったような大きな争点が浮上することがある。突然、大災害や経済危機が生じたり、外国の出来事が波及してきたりして、政府が対応をしなければならなくなる。そのときに、自分たちがかつて選んだ代表が、新たな事態の中で果たして自分たちの意見をきちんと代表してくれるのだろうか。

また、ある重要な問題について、選挙のときには争点化しないようにしておいて、選挙で勝利したらやってしまうこともあります。いわゆる争点隠しです。人びとがあまり喜ばない増税などについて、そうしたやり方がしばしば見られますが、その場合、本当に人びとの意見を代表する形で政策決定したと言えるのかどうか。

このように、誰か一人ないし集団が有権者を代表するという営みは、いろいろとわからないことだらけです。それなのに世界中で代表制がとられている。それをいまさら不思議だと言っても仕方ないと思われるかもしれませんが、不思議なことは不思議だと言ったほうがいい。不思議だということと否定することとは違います。たとえば生命というのはつくづく不思議なものですが、そう言ったからといってそれを否定することにはなりません。代表制も同じです。理論的には矛盾が多いけれども、実践的には必要とされているために、存続しているということかもしれません。

代表とは何なのか

そもそも代表とは何なのでしょうか。「代表するもの」と「代表されるもの」の両方が存在しているわけですが、その関係がどういうものか考えてみます。

ふつうはこう考えているようです。まず、私たち「代表されるもの」が何らかの意見をもっている。それを民意と呼んだりもしますが、そのまとまった民意を「代表するもの」が伝える。私たち「代表されるもの」にははっきりした意見がすでにあり、「代表するもの」はそれを忠実に受け取る、という具合に。これが代表についての第一の見方です。しかし、私たちの経験からしても、ある集団が、あらかじめ一定の民意を共有しているなどということはあまり想像できません。どこにでも、いろいろな意見があるものです。さらにいえば、はっきりした意見がどこにもなく、すべてがあいまいということもある。

むしろ、「代表するもの」が「代表されるもの」に対して、「こういう考えはどうですか」とはたらきかけることによって、私たちの民意が形成されていく面があるのではないか。たとえば、A党とB党が論争をしているのを私たちが見て、それまでは考えていなかったけれども、自分の考えはA党に近いと思い、A党を支持する。そのようにしてA党の支持がふえて、それが多数になると、A党が私たち全体の代表となる。これが、代表についての第二の見方です。この見方によれば、あらかじめ「代表されるもの」に明確な意見があるわけではありません。もともとある民意を代表が伝えるというよりは、むしろまずは誰を代表にするかを私たちが決めて、その代表が考えていることが私たちの考えなのだということになるのです。この場合、代表は一定の裁量権をもっている。私たちが代表の自由な判断に委ねているということです。

この二つをどう考えたらよいのでしょうか。私たちは民主政治というものを、私たち「代表されるもの」が主人公である政治だと考えています。これは基本的な出発点です。このことからすると、代表は私たちの民意を伝える「道具」にすぎないという前者の考え方が当然だということになりそうです。民主政治である以上、こうした側面を無視することはできない。民意を離れたところで政治が行われたのでは、それは民主政治ではありません。

しかし他方で、民意を伝えるだけの伝達機械のようなものとして代表をとらえるのであれば、そもそも政治というものに人間がかかわる必要はあまりなくなります。機械が民意を集計すればいいということになってしまう。人間が間に入るとしても、単に伝達するだけなら、政策メニューにもとづいて選挙が行われ、代表が決まった時点で政治の営みはほぼ終わってしまうことになるでしょう。あとはメニュー通りにやるだけだ、ということになるからです。

このことは、近年の日本政治で強調されてきたマニフェストをどう考えるかということとも関係してきます。マニフェストとは、政党が選挙の前に有権者に示す政策のメニューのことですが、どこのマニフェストがよいかを吟味した上で、有権者が選挙で投票する。与党となったら、マニフェストを実現するのが政党の使命であるとされました。

このことが強くいわれた背景には、選挙の時点で、各政党が何をしようとしているのか、かつてあまりにあいまいだったこと、選挙のときにいっていたのとはまるで違う政策が選挙後に実施されてきたことへの不満がありました。さらに、政党の内部の多様性をどう考えるかという問題もありました。日本の政治では、政党の中に異なる意見をもつさまざまな集団が存在して、それぞれが異なる行動を取ることもあったため、与党が政策を実行するときに内部からの障害が大きかった。そこでマニフェストをつくることで、政党内部の異なる意見を封じ込め、政党の内部を一枚岩のようなものにしようとしたわけです。

しかし、マニフェストをあまりにも硬直的・固定的に考えてしまうと、おかしなことになります。財政的な事情や国際環境が変わっても、マニフェスト通りに政策を実現しなければならないのか。そんなことはおよそ不可能です。かといって、政治家のまったくの自由裁量でよいのかといえば、そうも言えないでしょう。政策を変更し放題となると、人びとが選択する意味がなくなってしまう。

このように考えてみると、これまでみてきた代表についての二つの考え方について、どちらか一方だけをあまり極端に強調することはできないのではないか。代表とは、完全に民意を指し示すことは不可能ですが、それでもある程度民意を体現しようとするものであり、同時に、ある程度自由に判断はするが、まったくの自由裁量ではないという、中間的な性格を帯びるのです。両方の側面をどうつり合わせるかということが大事なことになってくるのだと思います。

代表制はなぜ必要なのか

それにしても、代表制はそもそもなぜ必要とされているのでしょうか。理由として第一に頭に浮かぶのは、規模の問題です。古代ギリシアのポリスのような小さな規模であれば、直接民主政治、つまり代表を介さないで人びとが集まって物事を決めることができるけれども、大きな社会になったのでできなくなった。政治学においても、このような言い方で、代表制の必要が主張されることが少なくありません。たしかに何百万、何千万もの人びとが一堂に会して何かを決めることなどできないでしょう。

しかし、もしも規模の問題だけであるならば、町や村などの小さな自治体にまで、なぜ議会があるのか説明ができません。実際に日本でも、町村総会という制度が法律上は定められています。町村は、議会を置かずに、選挙権をもつ者の総会を設けることができるのです（地方自治法第九四条）。しかし、ごくごく限られた実践例が過去にあっただけで、実際にはまったくと言っていいぐらい使われていません。なぜなのでしょうか。規模の問題だけでは、代表制の理由を語ることはできないようです。

そこで第二に考えられるのが専門性です。どんな分野にも専門家がいるではないか、政治にだって専門家がいてもよいではないか、という議論です。しかし、民主政治を行う上で、統治の専門家という存在を前提として考えてよいものなのか。専門家が必要という話を突き詰めていけば、民主政治よりも、何か専門性をもった集団に政治を委ねてしまったほうがいい、ということにもなりかねません。

また、もしも代表を政治の能力やスキルといった専門性に関して選ぶということになれば、専門性の有無をなぜふつうの人びとが判断しなければならないのか、あるいはそもそも判断できるのか、という疑問も湧いてくるでしょう。たとえば、医者や法律家、理容師や看護師という特定の能力やスキルをもっている人たちを、選挙で選ぶなどということはありえません。知識や能力を問う試験を行って資格を付与します。これと同様に、政治家に対しても、選挙ではなく試験をやって選出するという能力主義的な対応が出てこないとも限らない。

私は政治家を、法律家や医者のように専門性や技術性をそなえた専門家と考えることには、強い抵抗を感じます。政治はそうした領域には還元できないものです。専門家の領域では、正しい知識や正しい技術があることが前提とされますが、政治においては「正しさ」が一つにはまとまりません。いろいろな人びとがそれぞれに「正しさ」を主張するわけですから、どれが絶対に正しいとは言い切れない。政治は、そうした価値の複数性や多元性を前提としながら、いくつもの「正しさ」の間で調整や妥協を図る営みなのです。

たとえば、自由や平等という価値が、それぞれ何を意味しているのかについては、さまざまな考え方があります。さらに、自由と平等とがいつも両立するわけではない。平等性を高めることで、自由が犠牲になることもあるからです。こうした政治的問題について一般的に判断する、技術的な能力というものを想定することができるでしょうか。専門性を理由に、代表制が必要だと主張することにも限界があるのです。

演劇としての代表制

それでは、なぜ代表が選ばれるべきなのか。代表制の本当の必要性はどこにあるのか。私はそれを代表というものの、いわば演劇的なはたらきに求めたいと思います。

先にもふれたように、「代表されるもの」の側に確固とした民意があらかじめあるわけではなく、どちらかといえば、分裂していたり、あいまいであったり、揺らいでいたりする場合が多いものです。そのときに、代表たちが議会で論戦したり、政党間で対立したりするのを、メディアを通じて私たちが見る。すると、何が争点なのかがしだいに明確になっていき、それを受けて、私たち自身も考えたり、ネット上でつぶやいたり、身近な人たちと議論したりして自分の意見を形づくっていくことができる。つまり、代表とは、俳優として政治劇を行うことで、民意の形成を助ける存在なのではないかと思うのです。

政治家はそれぞれの役回りを演じる。それぞれの立場から論戦を行う政治家たちを眺めて、人びとは何が問題なのかを理解する。そのような劇は私たちの思考に枠をはめてしまうことにもなりますが、しかし同時に、そういう演劇の「型」があってはじめて、私たちの政治的な思考が可能になる側面もある。政治的争点がどこにあり、対立軸はどういうところにあるのか。自分は誰の意見に近くて、どの点が異なるのか。そういうことが代表による政治劇を観ることで明らかになっていく。代表という存在がまったくいない状況を想像すれば、政治的な議論を始めることすら、いかに困難なことであるかがわかるでしょう。ある政治家や政党に賛成とか反対とかいう形で、私たちは最も手軽に、自分の考えを表すことができるのです。もちろん新聞や論壇、最近ではインターネット上で議論することは可能でしょうが、そのための前提として、演劇的な装置としての代表制が存在していると考えられるのです。

直接投票をどう考えるか

しかし、代表制は、何ともじれったいものです。そこでは政治に間接的に参加することしかできませんし、ごく一部分しか自分の意見と一致していない人が、なぜあらゆる面について自分の代表としてふるまうことができるのか。正しく代表されていないという不愉快な感じは誰にでもあるのではないでしょうか。今の議会はやるべきことをやっていないという不満も広がっています。そうしたことから、自分たちがもっと直接的に政治にかかわりたい、政治的な決定を下したいという直接制への要求も出てきます。国民投票や自治体での住民投票など、直接投票を求める動きもありますが、これをどう考えたらよいのでしょうか。

歴史的に見て、古代ギリシアのもともとの民主政治は、人びとが広場に集まって議論し決めるものでした。直接制こそが民主政治であったわけです。そこでは、成年男性の市民であれば、誰でも政治的な発言ができましたが、同時に、発言の責任が厳しく問われた。たとえば、ある人が無謀な戦争をすべきだと強く発言し、実際に戦争をやって敗北したときには、その責任を問われる。発言権の平等は、強い責任意識に裏打ちされたものでした。まずはこのことをふまえておく必要がありますが、民主政治はより直接的なものであるべきだと考えることには十分な理由があります。

ただ、直接投票が代表制とはまったく異なるもので、代表制に伴う問題点を免れているかといえば、私は必ずしもそうは思いません。直接投票を求める動きとは、代表制を否定するものというよりも、よりよい代表制、より幅広い代表制を目指す動きだと私は考えています。あえて比喩的に言えば、直接投票も一種の代表制なのではないか。

どういうことかと思われるでしょう。直接投票の場合、ある事柄について賛成か反対かという二者択一で問うことが多いわけです。もう少し選択肢を増やすこともあるでしょうが、いずれにしても自分の意見とぴったり合うような選択肢がそこにあるとは限りません。

増税して年金を増やすという案と、減税して年金を減らすという案の二つの選択肢で直接投票することを考えた場合、そのどちらにも入らない案、たとえば、増税するけれども年金を減らすという意見をもっている人はどうすればいいのか。直接投票においても、この章の冒頭でふれた代表制と同じ問題に直面してしまうのです。つまり、意見の複数性、争点の多様性、時間の経過の中での情勢変化という問題ですが、代表制と同様のことが直接投票でも起きるわけです。

直接投票は、単純な選択肢を示すことによって、民意を形づくる動きでもある。それは代表が民意を形づくるはたらきとほぼ同じものだと言っていいでしょう。つまり、直接投票を行えば、自分たちの意見がそのまま反映されるというわけではなく、直接投票もまた代表制の一種だと考えたほうがよいのです。

直接投票への反対論として、つねに出てくるのは、それが議会を否定するものだという言い方です。とりわけ政治家たちから、議会制民主主義を危機に陥れるという反論がされることが多い。議会という制度は、ある範囲の人びとを代表する制度として法的に規定されており、だからこそ特別な重要性をもつのだ、と。しかし、直接的なものへの要求が強く出てくるのは、議会が十分に自分たちを代表してくれていないという不信感があるからです。したがって、まずは議会の側は、そういう不満に向き合い、なぜそうした声が出てくるのか、自分たちが代表として空虚な器になっていないかをきちんと分析して対応することから出発するべきではないかと思います。

他方で、直接投票を目指す人びとも、代表制という枠組みから簡単に抜けられるとは思わないほうがいい。議会をあまりに特権化すべきではありませんが、同時に議会でないことが特権の根拠になるわけでもありません。直接投票の選択肢の立て方がまずく、人びとの意見をうまくすくい取ることができなければ、人びとは、やはりまともに代表されていないという感覚をもつことになるでしょう。

直接投票をすべきとき

直接投票の最大の意義は、決定そのものよりも、むしろ人びとの間の討論を活性化させることにあると考えられます。決定に至る過程が大切なのです。もしも民意があらかじめ確固としたものとしてあるなら、それを反映し実現することだけが、民主政治の目的になるでしょう。しかし、実際には、民意はあいまいなものです。それどころか、人びとはその問題について考えてみたこともないし、十分な情報がないということもある。そんな状態のままで、機械的に民意を集計する手段として直接投票を行うのは危険です。同じ理由で、いくら技術的に可能だからと言って、インターネットを利用して、あらゆる事柄について毎日投票するというようなやり方には、不安があります。

日本でも住民投票を行う事例は増えています。成功したいくつかのところでは、問題が表面化してから住民投票の実施に至るまで、地元の人たちが熱心に勉強し合い、賛否両派がそれぞれ論点を示して、住民に支持を呼びかけました。直接投票がまさに争点を明確化し、支持を求めるという代表機能を果たしたのです。その過程で住民が討論し合い、民意をはっきりさせていったのでした。

直接投票と代表制は、どちらがより優れているとか劣っているということではなくて、互いに補い合うものです。民主政治が比較的うまく機能しているとされる西洋で、この二つが組み合わされているところを見ても、このことは経験的にも証明されています。

では、どういう問題について直接投票をやるべきなのか。何から何まで直接投票にかければいいというものでもありません。端的に言えば、政党の対立構造の中でうまく争点化されにくい問題こそ、直接投票にかけるべきです。争点化されにくい問題とは何か。これについては、政党がどういう形で形成されてきたのかをふり返ってみる必要があるでしょう。

政党というものは、それほど古い歴史をもっているものではありません。現在につながる近代政党は、産業化が進む過程でできてきました。典型的な政党政治が行われているとされる欧米諸国を見ると、産業化の中で対立構造がはっきりし、それが政党対立を生み出してきたわけです。一方には、経済成長を重視し、そのために市場経済の自由化を進めようとする、経済的に恵まれている人びとの政党がある。彼らは政府による介入を嫌がり、なるべく政府の役割を小さくしようとするでしょう。他方では、産業化が進み、企業活動が活発になる中で、一向に生活が楽にならず、貧困にあえぎ、労働問題や都市問題に苦しめられている人たちがいる。彼らの政党は政府による所得の再配分を求めます。この対立関係こそが政党政治の原型でした。

しかし、産業化の段階がひとまず終わりに近づくと、こういう対立構造ですべてがうまくは割り切れなくなります。これまでの政党政治の中では十分に表れてこない争点がいろいろと出てくるわけです。その典型は環境問題ですし、あるいは生命や医療にかかわる倫理的な問題、さまざまなアイデンティティにかかわる問題があります。これらは伝統的な政党では代表しきれず、第三政党がそれを扱う場合もあります。

しかし、第三政党は、たいてい小さな勢力しかもちません。また、環境などが大きな争点となって浮上してきたときに、既存の二大政党のいずれもうまく対応できない場合が多い。たいていの場合、環境問題は、経済成長路線をとる政党からは軽視されがちです。また、再配分を求める政党も、福祉国家を維持するためには経済成長を前提にしなければなりません。原子力など、基幹的なエネルギーにかかわる問題となると、それがもたらす危険性や、長期にわたる自然環境への影響などがあっても、経済への影響を考えて、抜本的な対策をとることができなくなる。環境問題を重視すべきという声は、いずれの勢力もすくい取ることができないわけです。

だからこそ、従来の政党政治の中で決着が付かない問題については、直接投票にかけることが必要になってくる。そしてこれは、政党政治を守るという点からも意味があり、既存の政党にとっても実施したほうがよいのです。自分たちがうまく解決できない問題について、これを無理に政党政治の枠の中で決着させようとすると、それぞれの政党が割れてしまうこともありうる。政党の分裂に陥りかねないような問題については、直接投票に委ねて人びとに決めてもらうというのは、一つの知恵です。このことが十分に認識されていないのではないでしょうか。

代表をめぐる競争

複雑な現代社会では、選挙で選んだ政治家にすべてお任せ、ということでは済みません。選挙以外のいろいろな回路を通じて、多様な意見を出し続けることが必要です。

たとえば、世論調査を通じて世論を表すことや、強い関心や意見をもっている人びとが街頭に出てデモを繰り広げることなども、ある種の代表制ではないかと私は考えています。調査の数字やデモや運動という形で人びとの意見がそこに表出・表現される。これも一種の代表なのです。表出・表現と代表は、英語では「リプリゼンテーション (representation)」という同じ言葉です。選挙以外にも代表を通じた意見表出の回路はいろいろあるのです。

もちろん、選挙の際の一人一票のような形式的な平等性は、デモなどにはありません。関心がある人の声が強く出る。そのことをとらえて、そうした回路は世論を忠実に反映したものではないから尊重すべきではないといった議論をする人もいます。直近の選挙結果こそが世論であり、それだけに従うべきだ、と。しかし、逆に選挙の欠陥は、強い声も弱い声も同じものとしてしか扱わない点にあると考えることもできます。切実な要求であっても、少数派の声であれば選挙ではどうしても弱い。もちろん、逆に選挙をないがしろにし、一部の強い声につねに動かされているということでは民主政治の基本が揺らいでしまいますが、いろいろな声の存在を受け止めるところからすべては始まるのです。

このように、本来、代表はさまざまな回路を通じて行われるべきなのですが、近年、代表を一元化すべきという論調がいくつかの問題をめぐって非常に根強い。まず、自治体における二元代表制についてです。日本の自治体では、首長と議会がいずれも人びとを代表しています。両者の力関係は、現在の法制度ではあまりはっきりしていませんが、このことを問題として、どちらが上なのか整理すべきだという主張があります。その際、首長は人びとを一人で代表しているのだから、より強く民意を反映している。だから、首長のほうに権力をシフトさせて、議会は首長に従うべきだとして、二元代表制を一元化させようという考え方が強く主張され、一定の支持を集めています。

もう一つは、いわゆる国会の「ねじれ」現象についてです。日本の議会は、衆議院と参議院という両院制をとっています。衆議院と参議院が別々に選挙をしますから、その時々の世論の流れで、衆議院ではＡ党が、参議院ではＢ党が多数派ということが起こりやすい。これが「ねじれ」です。近年、選挙制度を変えて二大政党化を進めようとした結果、二つの比較的大きな政党ができたわけですが、そのためにねじれが生じる可能性が高まってしまった。

ねじれが生まれると、衆議院でＡ党が何かを決めようとしても、参議院でＢ党がこれを妨害するため、物事が決まらない。これに対して、憲法を改正してでも衆議院の優位をもっと確立すべきとか、一院制にすべきとか、さまざまな提案が出されていますが、いずれも代表を一元化しようという発想です。

自治体も両院制もある種の二元代表制です。これに対して、代表は一元化するのが望ましいということを前提に、批判が強まっているわけですが、私は代表制の多様な回路があり、それぞれが競争し合っている状態は、決して悪いことではないと考えています。

そもそもなぜ自治体で、同じ有権者が選ぶ首長と議会がしばしば対立するのか。そこにはそれぞれの選挙の時期における情勢の変化が反映されているのかもしれません。議員を選ぶときと首長を選ぶときとで、人びとが着目するところが違ってきているのかもしれません。しかし、何よりも、政治勢力が人びとの思いをうまくとらえられず、また、人びとにメッセージを発することに失敗しているからではないでしょうか。代表されるべき事柄の何が十分に代表されていないのかを考えていくことが、必要なのではないでしょうか。

同じことは、国会に関しても言えます。なぜ衆議院と参議院でしばしば民意がねじれるのか。一つには、これも情勢の変化に対応しているのでしょう。そして、もう一つには、直前の選挙で勝った勢力に対して、逆の側を勝たせることで、お灸《きゅう》を据えるという行動様式が見られます。しかし、これもまた民意にほかなりません。もう少し有権者の政党支持が安定しないと、政党の基盤が不確かとなり、政治家の養成も進まないし、政治家が選挙のことばかり気にして政策を勉強しなくなるといった点はたしかにあります。この点は有権者ももっと意識すべきです。しかし、人びとが、どの政党に対しても、自分たちの代表としてふさわしいという確信をもてないでいるとすれば、やはり政党や政治家の側の責任が大きい。まずは、代表となろうとする側が反省すべきでしょう。

どの代表も課題設定や解決策の提示に成功していないということを、二元代表制をめぐる「混乱」や「ねじれ」現象は明らかにしています。つまり、今の政治が直面している困難が、そういう形で浮き彫りになっているのです。これは、ある意味ではいいことではないでしょうか。代表制を一元化するなどして整理すると、たしかに表面上は矛盾が生じません。決定も短期的にはしやすくなるかもしれません。しかし、それでは代表機能をやせ細らせるだけです。人びとの意見が十分に表出されないままになる。長期的には、政治そのものへの不信がつのることもありうるのです。

　人びとの声を伝える回路はさまざまな形であったほうがいい。公式の回路もそうですが、同時に、世論調査や街頭での政治行動に至るまで、さまざまな場で人びとの意見が表されることが、民主政治における健全な代表機能なのではないでしょうか。多元的な回路を前提に、政治は行われるべきです。

第三章 討議

——政治に正しさはあるか

「話し合う」と「決める」

話し合うこと、すなわち討議は、民主政治においてとりわけ重要です。統治者が一人である王政の場合には、王の言葉がすなわち法ですから、話し合う必要はない。独裁の場合にも、独裁者が一人で決裁するわけですから、話し合うことなく命令をするだけです。それに対して、民主政治では、話し合ってから決めるということが基本です。

話し合って決めるというのは、「話し合う」と「決める」という二つの異なる要素から成り立っていますが、この二つの間に、ある種の緊張関係があることは明らかです。ずっと話し合っていれば、決めることはできません。決めるためには、どこかで話し合いを打ち切らなくてはならないからです。

民主政治が大切だということについては、今のところ合意がありますし、民主政治を運営するにあたって、話し合ってから決めるべきだということも広く受け容れられるでしょうが、どこまで話し合い、どこで議論を打ち切って決めるのかについては、つねに対立点となりうるわけです。すでにふれたように、この対立をどう扱うかは、それ自体が、きわめて政治的な問題となります。政治的な問題とは、それについてのたった一つの答えはないような問題です。

一般的には、すでに自分たちに都合のいい制度などをもっている側は、そのことが争点にならないようにするのが当たり前です。つまり、争点化そのものを避けるわけです。それでも、もしも争点化してしまえば話し合いには応じなければなりませんが、その場合には、できるだけ話し合いが続くようにしたほうがいい。議論の打ち切りには反対し、時期尚早であるといい続けることになります。

これに対して、現在の状況に不満を感じている側は、まずは、そこに争点があるということを認めさせなければなりません。話し合いに持ち込まなければ、何も始まらないからです。そして、話し合いが始まった後は、もう十分だから早く決めるべきだと主張するでしょう。

二つの態度は、それぞれの人びとが置かれている立場からくるもので、どちらが正しいとか間違っているということはないはずです。しかし、近年の政治では、物事を変えようとする側が主導権を握り、現状を維持しようとする側は守旧派や抵抗勢力などと呼ばれて、悪役にされがちです。現状維持は退廃につながり、変化は進歩につながるという考え方が強く、話し合いを重視するのは悪いことで、早く決めることこそが「改革」であり正しいことだということになってしまう。歴史をふり返ってみても、時代が閉塞感を強めたときには、決定や決断に対する期待感が高まります。話し合って物事を決めようとすると、思い通りに物事が進まず、いろいろと面倒なことが伴うわけで、いらだちも蓄積していく。そこから、すぐに決定してくれる独裁者への誘惑が噴出してくることにもなるわけです。

しかし、考えてみると、何でもすぐに決定して現状を変えることが正しいということに、一般的な根拠があるわけではありません。現状維持が悪くて、変えるのが一概によいという保証はどこにもないのです。もっと悪くなることも論理的にはありうる。しかし、人は今の苦しみから逃れるために、今とは違う何かを求めるものでもあります。何でもいいから変えるべきだという意見が力をもちやすい。だからこそ、その点の危うさをより強く意識すべきだと思います。

それに、実は変えることによって利権や既得権がなくなるとは限りません。むしろ、今までの人びとに代わって別の人びとが利権を得るという、既得権の組み替えが起きるにすぎず、既得権からの解放という、最初に思い描いていたのとは違う結果になることが普通です。そうだとすれば、現状を守ろうとする側が道徳的に間違っていて、変えようとする側が正しいと決めつけられないことは、ますます明らかでしょう。

暴力による支配

ところで、そもそも人はなぜ話し合わなければいけないのでしょうか。人は話し合うために存在している、あるいは人は言葉によって結びつき、互いに話し合っている限りで人間なのだ、といった考え方もありますし、それは古代ギリシア以来の政治論の原型でもあります。そうした定義の問題として片づけることも可能でしょうが、ここでは、逆に話し合わないとしたらどうなるのか、ということを考えてみます。その典型的な例とは、実力行使、つまり暴力によって、あるいは暴力をちらつかせて人を動かすことです。相手に物理的な力を加えて動かしてしまう。そこにいる人を力で排除するとか、極端な場合には殺してしまうとか。つまり相手をモノのように扱うことです。

私たちは、さまざまなモノに対して、あるいは自然に対して、一方的に力を加えています。自分たちの好き勝手な理由で地の底からモノを掘り出してくる。そして、それを燃やして空気を汚し、土壌を汚染する。動物たちの生活を人間の都合で左右し、さらにはその姿を人間のために変えてしまう。要らないとか邪魔とされた生物は根絶やしにする。そういうことばかりしています。モノに対するのと同じように他の人間たちにも接して何が悪いのか。話し合いなどというまどろっこしいことはせず、いうことを聞かせる。一方的に暴力によって、あるいは暴力による脅しを背景に、「あれをしろ、これをしろ」という「命令言語」によって人びとを動かしてもいいのではないか。そのような「支配」としての政治のイメージも、世の中には広く流通しています。さらに、そうしたイメージを少なくとも部分的には現実にしたようなことも起こっているのです。政治の名の下に暴力による支配が行われた。その記憶が残っているために、政治とは暴力であるという印象も根強い。

しかし、本当にそれだけでしょうか。人は言葉をもち、意思をもった存在です。今いった「暴力による支配」のようなところでは、言葉を発することを難しくしたり、意思をもつことそのものを禁止しようとしたりしました。それでも、人間の能力そのものを奪うことはできなかった。あくまでも、人びとを取り巻く状況、条件を規制しただけなので、状況が変われば人びとは話し始め、意思を示し始めるのです。暴力による支配の体制は、いずれは崩れます。

暴力による支配はもろい。「剣をとるものは剣にてほろぶ」とされるように、暴力で支配する側は、単に暴力において勝るか、あるいは、過去のある時点において勝ったということしか、その支配を正当化する根拠がないのです。一方的に支配されている側は、それなら、いつでも暴力によってやり返してやろう、ということになります。また、暴力による脅しが効いているときにはそれに従うしかないとしても、それがあまり効いていないようなら、命令に従わないということも起こりがちです。

それよりは、話し合いの結果として何かを決めたほうが、安定する。人びとは自分たちの言葉や意思がかかわる形で決められたことに対して、一定の敬意をもつからです。

社会契約論

暴力による征服によっていまの体制ができたという考え方としばしば対比されるのが、契約論的な考え方です。人びとは、もともとは社会も国家もない、無秩序の中にあった。そこでは人びとは不便を感じたに違いない。そこで、社会契約と呼ばれるようなものをお互いに結んで、社会や国家をつくったのだ、というわけです。私たちの今の政治体制、憲法体制についても、こうした説明がよくされます。

こうした契約論というものには、秩序を安定化させる効果があります。今の秩序はみなで選んだものなのだから、それに従うべきだという「説得」を人びとにするからです。しかし、その半面、いろいろな問題もあります。まず、本当は暴力による征服があったとしても、そのことが契約論によって隠されてしまうこともありえます。

それ以上に問題なのは、契約論というものは、話し合いを過去の時間の中に閉じ込め、実はそれを打ち切る論理だということです。社会契約が行われるまでは話し合いがあったとしても、いったん社会契約がされると、もはやその契約が既成事実とされ、それ以上に秩序のあり方について議論することは、奨励されなくなるからです。ずっと話し合い続けることを大切にするという政治観からすれば、契約論は反・政治的な側面をもつものとも言えます。

このような議論に対しては反論があるかもしれません。私たちのいまの体制は、人びとが日々の政治の中で話し合うことを重視する民主体制である。こうした体制を正当化し、安定化させているのが契約論であるとすれば、少なくともこのような契約論については、話し合いを奨励していると言える、と。ここに表れているのは、話し合うことと決めることとの間にある、先ほど述べたのとは異なる文脈です。つまり、決めることが話し合いを切断する場合もあるが、逆に、決めることによって話し合いが可能になっている面もある、ということです。

たしかにそうですが、暴力を伴う征服によって、話し合いを大切にする体制に移行するということも論理的にはありえますし、実は私たちの今の体制もそういう過程の結果だと考えることさえできます。また、逆に話し合うことを阻むような体制が契約論によって擁護されるということもありうるわけで、そう考えてみると、話し合う政治の実現にとって契約論の採用が不可欠とまではいえないでしょう。契約論が採用されているから安心だ、ということにはならず、実際に話し合いが行われているかどうかが問題なのです。

学問的な議論と政治的な議論

それでは、政治的に話し合うことの特徴とは何なのか。一口に話し合うといっても、いろいろな場で行われるわけで、それらがみな同じようなことなのかが、問題となります。まずは、学問的な議論と政治的な議論とを比べてみましょう。

学問的な議論というのは、学会や研究会でやっている話し合いもそうですし、学者が研究論文を発表し、それに対して別の学者が反論したり修正したりして、紙の上で議論が続いていくということもあります。要するに、ある人が何らかの学問的な成果を発表して、それに対して意見を述べたり批判をしたりするということですが、何のために学問的な議論をするのかといえば、それによって、より正しい結論や真理に到達できると考えられているからです。学問的な議論の場では、正しいと思うことを遠慮なく発言することがルールです。もっとも、現実には、学問の世界にも、利害関係やメンツ、上下関係などがあって、なかなか真正面からの反論はできないこともあるのですが、それは正しい学問のあり方とはいえません。学問的な議論は、話し合うことによって、正しい結論が現れてくると考えられている。とりわけ自然科学では、一定の条件の下で実験すれば、誰がやっても同じ結論になるはずだとされています。

それでは、政治的な議論や話し合いも、そういう自然科学などと同じように考えられるものでしょうか。つまり、政治的な議論も、唯一の正しい結論を見出すために行うのでしょうか。それとも、さまざまな正しさがある中で、それらを交渉によって妥協させたり、調整したりするために行うのでしょうか。

「政治哲学」では、人びとが本当に理性的に話し合えば、ある一つの正しい結論に到達するはずだという考え方が強い。政治の世界でも、他の分野と同じような意味で正しさをめぐって合意することができるとするのです。しかし、そのように「正しい」話し合いを実現するために何が求められるかというと、人びとが自らの利害関係をどこかに置いてくる、あるいはカッコに入れた状態で議論することです。いわば、私たちが身を置いているこの現場を離れたところで話し合いをすることを仮想する。ここに大きな問題があります。というのも、そこでは人びとはもはや生身の存在ではなくなってしまうからです。

自分がどのような背景をもつ人間なのかということが、私たちの政治的な判断にはどうしてもかかわってくるわけで、そこのところを完全にそぎ落とすのは難しいことです。もちろん、難しくてもやらなければならないこともありますが、いろいろと問題が多い。議論がそれぞれの人の身体を置き去りにしたままであると、あまり説得力がないということがあります。議論の結果が宙に浮いてしまう。所詮、自分とは関係のない机上の議論だという受け止め方をされてしまいがちなのです。

これに関連して、政治はもっぱら「公」にかかわるもので、「私」にかかわることを持ち込んではならないといった論点も、あまり強調すべきではないと思っています。この公私二分論は、まさに古代ギリシア以来あるもので、政治について考えるときには、しばしばそれが持ち出されてきます。人が動物として生き続けていくために必要なものをつくったり、あるいは動物として子孫を残したりするための場が私的なところとされ、その一方で、人が理性を用いて話し合っていく場が公的なところとされる。そして、公的な場こそが高級で、私的な場はより低級なところなので、政治という公的なものからは、私的なものは追い出されなければならないというのです。しかし、こうした考え方をすることで、人びとがもつ生活への不安などが、政治の外に出されてしまうことになりがちです。うがった見方をすれば、生活の不安がないお金持ちだけが政治について発言することができるということにもなりかねない。その一方で、公私二分論があることで、国家の権力が個人の家の中に入ってきにくくなるということもありますが、政治の領域をあまりに純粋にとらえようとすることには弊害が多いと思います。

一見中立的な議論の環境というのは、実はある人びとにとって有利な環境だということもありえます。経済的により強い立場にある人びとは、自己主張を声高にしなくてもいい。また、お金があれば、よりよい教育を受けて、説得力のある話し方を身につける可能性がある。「正しい」話し合いをリードすることができるわけです。その中で、知らず知らずのうちに、そうした立場の人びとにとって有利な結論が導き出されてしまうかもしれず、しかも、こうしたことはあまり意識されません。

政治に正しさはあるか

政治的な主張は、誰にも否定できないような理由を示さなければならないので、それを基準として考えれば、正しい主張を選び出せるという意見もあります。しかし、たとえば原発問題について、原発を維持することは事故の危険などで人びとの生命にとって有害だという主張がありますが、原発を廃止すれば電力不足などで人びとの生命にとって有害だという主張もあります。これらは、人びとの生命を守るという、同じ理由を挙げる二つの主張です。もちろん、事実誤認などがないかどうかをまず検討しなければなりませんが、将来のことに関しては、完全な予測というのはおそらくできないでしょう。二つの主張のどちらかが、端的に誤りであるとすることは難しいように思います。そうなると、こうした対立については、絶対的な正しさをめぐって決着をつけることはできず、人びとがどちらを支持するかによって決めていくしかないのではないでしょうか。

もう一つの大きな問題は、正しい答えが机上で決められるという考え方を推し進めていくと、そもそも人びとが話し合うことの意味が希薄になっていきかねないということです。それぞれ異なる特徴をもった複数の人びとが話し合う必要性がどこにあるのか、よくわからなくなってくる。みな、自分の特徴は置いてくるわけですから、みながいなくてもいいことになる。さらにいえば、あらゆる利害関係を超えて、正しく認識できるような理性的な人が一人いればいいということにもなってしまうかもしれない。超人的な人間が、普遍的に正しいルールを導き出し、それを適用しさえすれば正しい政治を実現できるということになりかねないのです。

このように、政治に正しさというものを過度に導入しようとすると、政治の大切な条件としての、人びとの複数性ということがどこかに行ってしまうこともある。正しい政治への願望が暴走した例としては、二〇世紀の全体主義体制などもあります。正しい答えの前では、複数の人びとが話し合う必要もなければ、したがって、複数の政党をもつ必要もない。正しさを理解した勢力が権力を握って、人びとを導けばいい。正しい政治を行っている権力者たちに反対する人は間違っているから、実力行使によって排除していくということになるわけです。

政治に正しさばかりを求めていくと、政治における話し合いが邪魔になり、本来の政治そのものを終わらせてしまうことになるのです。そうならないためには、たとえば「自由」や「平等」といった、いずれもそれなりに正しい原理が、その解釈をめぐって無限に続く話し合いの主題であることを、いつも意識しておく必要があります。

利益政治の問題

しかし、何事にも裏面があります。抽象的に正しさだけを論じるのは問題ですが、逆に、むき出しの利益政治をしていればそれでいいということにもならないでしょう。利益政治の可能性と限界についても見ておきたいと思います。

ここで利益政治とは、自らの利益を得ることを考えて政治を行うことを指します。経済学から強い影響を受け、経済学的なものの見方、つまり人間は経済的利害関係だけで動く「経済的動物」だという見方を受け継いだ、ある種の政治学では、政治は利益政治であることが当然とされます。利益を追求することだけが、人間の合理的な行動とされるのです。こうしたやり方の利点は、すべてがお金の問題とされるため、妥協や調整がしやすいということでしょう。お金は、足して割ることができるからです。さまざまに利害が異なる人びとでも、話し合って、それぞれ不満はあっても、何とか決着させるということができるかもしれません。人びとの共存を可能にするのが政治のきわめて大切なはたらきである以上、利益政治を頭から否定できるものではありません。

これに対し、利益政治の問題点としては、少数派にとって酷な結果となりやすいことがまず挙げられます。多数決がふつうである以上、少数の人びとがひどく犠牲になっても、大多数の人びとにとって痛みがないような政策が採用されかねないことです。これが「多数者の専制」といわれるような事態です。少数派としては、自分たちの切実な要求を、声を大にしていうことで、何とか通すことができることもあるかもしれません。しかし、そういう事例が、一種の「ゴネ得」として批判される一方、多数派がその利益を実現したような場合については、まるで自然な出来事のようにいわれます。これは、公平とはいえないでしょう。

次に重大な問題として、足して二で割れるような関係だけがすべてではない、という点もあります。人のアイデンティティにかかわる問題、すなわち、ある人がまっとうな人間として社会で存在を認められ、他の人びとに受け容れられるかどうかといったことは、それ自体として保障されなければなりません。お金で補償すればいいということにはならないのです。

さらに、利益政治では、どうしても今現在の利益だけが考慮の対象となりがちで、将来に大きな負担を残すような政策をあきらめることができなくなります。今ここでの生活だけを考えて人びとが政治を行うようであれば、そのツケはいつかは回ってくることになるでしょう。

倫理と利益

こうした点を考えると、政治には利益への関心だけでなく、倫理への配慮も必要です。ここで倫理とは、自らの短期的な利益に還元できないような関心をもつことを指します。より幅広い人びとへの関心や、より長い時間軸への配慮です。政治哲学のような試みが出てきたのも、放っておけば人びとは目先の利益しか考えないという見方にもとづいてでした。しかし、先に見たように、あまりに純粋な政治哲学は政治を殺しかねない。

肝心な政治を殺すことなく、政治に倫理を持ち込むことができるのか。私はできると考えています。それはまさに、話し合いを通じてです。どんな時代でも通じる、特定の立場とは切り離された、普遍的な正しさを前提としなければ倫理について語ることができない、とは思いません。倫理とは、「そんな自分勝手なことは許さないぞ」という告発の形をとって現れてくるものだからです。

数が多いからというだけで、多数派が少数派をないがしろにし、ふみつけにするような決定をしようとしたら、少数派の側から批判が出るはずです。声の大きな少数派が、ごく一部の人びとの都合をゴリ押しするようなことがあれば、抗議されるのが当たり前です。もしも少数派が、立場が弱いために声を挙げることさえできないのであれば、誰かが代理して語る必要がある。誰かを代表することが本当に可能なのか、ということについては前章で問題にしましたが、難しくても必要なことは行われるしかありません。

また、現在の世代が、自分たちがいろいろな負担をするのが嫌なので、すべての負担を後世に押しつけようとしたらどうでしょう。それもまた許されることではないでしょう。しかし、後の世代はまだ生まれていないので、声を挙げることができない。そこで、この点についても、現在を生きる私たちが、まだ挙げられていない声を聞き取るようにして、代弁するしか手がありません。

これでは「正しさ」を求める政治哲学と同じではないか、という疑問もあるでしょう。しかし、必ずしもそうではない。人びとが自らの立場を離れて議論しなければならないという意味ではないからです。人びとは自らの立場から論じるのが基本であると思います。それに対してほかの立場から反論があったとすれば、それを無視できないということです。さまざまな立場の間の競争が、現実の政治の場で行われることを想定しています。一つの「正しい声」を求めるのでなく、複数の声から出発するのです。そして、やがては、人びとが自らの中に、ほかの人の声と響き合うものがあることに気づくことがあるかもしれません。しかし、それはあくまでも、現実の政治の中で、つまり私たちの生きている現場で起こるべきことであって、哲学者の書斎や実験室の中で起こることではないのです。

利益政治の名の下に、現在の多数派の意見だけを「正しい」ものとすることは、抽象的な「正しさ」を追求するのと同じく、単一の「正しさ」にとらわれた考え方です。つねに、それ以外の考え方もありうるということを認めること。これが政治です。

政治は所詮、汚い利益政治なのだから、倫理など考える必要はない、という考え方は、しばしば「現実主義」と呼ばれます。しかし、これは、現にさまざまな声があるという現実をふまえた態度とはいえない。多数派の短期的な利益だけ追求すればうまくいくという、およそ現実離れした前提の上にあります。そして、だからこそ、そうした薄っぺらな現実主義は、現実そのものによって復讐されることになります。一部の人びとの短期的な利益だけを追求する政策は、人びとの離反によって否定されるか、市場に見捨てられるか、あるいは自然環境によって無効化されることになるのです。

結局のところ、政治については、「正しさ」をやみくもに追求してもうまくいかないけれども、「正しさ」などないと開き直ってもいけない。政治とは、欲望をもった人びとが出会い、何とか共存の道を見出していく、両義的な領域です。必要なのは、「まあまあ正しい」政治を実現するために、さまざまな声に耳を傾けていくことです。

話し合いについての話し合い

それでは、政治的な話し合いは、どの範囲の人びとによって行われるのでしょうか。確認したいのは、政治的な話し合いは、実在するさまざまな人びとが行うものであり、誰でもないような抽象的な主体が行うものではない、ということです。それぞれの事情を抱えた人びとが集まって行うしかない。このことがまず確認されなければなりません。さまざまな利害関係をもつ、それぞれの立場がある人びとが、そのことを前提としながら、どうにか共存のために合意を図っていく、というのが政治的な話し合いです。こうした話し合いは、したがって、とりあえずは当事者間で行われるものです。ところが、その一方で、そうした当事者間の話し合いは、当事者の外部からの批評に対しても開かれたものでなければなりません。

すでに述べてきたように、話し合いに加わる当事者の範囲を決めることについては、恣意性がつきまとい、それ自体が政治的な争点となります。民主政治の場合は、話し合う人びとと決める人びととは重なることになっています。人びとが直接に話し合って決めるか、あるいは人びとの中から代表を選び、その代表が話し合って決めるかという違いはありますが。後者の場合、代表が話し合った内容とその結論は、人びと自身の話し合いの結果と見なすという代表機能が作用していると考えられます。これがひとまず、一次的な話し合いといえるでしょう。

しかし、話し合いが開かれたものとなるには、話し合いを主権の論理、すなわち最終的な決定をすぐに求めるような考え方と極力切り離すことが大切です。決めることそのものが目的とされると、話し合いはすぐに打ち切られがちですが、それによって話し合いの意義が失われてしまうこともあるのです。さらに、一次的な話し合いを見守っている人びとの視線を確保しなければなりません。その話し合いはきちんとした話し合いといえるのか、見せかけだけのものにすぎないのか、あるいは無意味に引き延ばされたものではないのか。そのような、話し合いについての「評判」が大事です。多数派がむき出しの少数派抑圧をすれば、その場は収まっても、評判が悪くなる。そうなれば、関係者たちの政治的な影響力も損なわれることになりかねません。また、話し合いが暴走し、将来に明らかに悪影響を及ぼすような決定をしたような場合にも、同じように評判が下がります。

そうした評判の基準はどこにあるのか、そこにもやはり、「正しさ」がかかわってくるのではないか、という意見もあるかもしれません。それを一概に否定することはできません。しかし、大切なことは、そうした基準が純粋な学問と同じような形で、抽象的な水準で決められるものではない点です。また、基準は普遍的なものではないかもしれません。たとえば、一〇〇年前なら環境破壊を問題にされることはなかったし、戦争が悪いとされることもなかったでしょう。

ここで想定しているのは、個々の一次的な話し合いを包み込み取り囲むような、いわば二次的な「話し合い」の場です。話し合いを評価する話し合い。話し合いについての話し合い。それは、あくまでも比喩的な意味での話し合いなのですが、しかしきわめて大切なものです。人間が歴史的な視点をもっている限り、つまり、現在の出来事を過去や未来とのつながりの中で考えるものである以上、失ってはならないものです。なぜ話し合わなければならないか、そして話し合いによって何を得るのかといった、ここで論じてきた諸問題そのものも、話し合いの対象となる。個々の話し合いにはそれぞれの決着があるとしても、話し合いについての話し合いには終わりはありません。それもまた、本質的な意味での政治といえるのです。

第四章　権　力

——どこからやってくるのか

権力と暴力

権力とはどういうものでしょうか。権力をもつ者が別の者に対して、本当はやりたくない何かをやらせる力、と考えられていると思います。権力をもつ者と権力を及ぼされる者との間の、対称的でない、一種の力関係として権力現象をとらえる。これが一般的でしょう。やりたくないことを無理にやらせるものが権力とされるので、権力について語ることは嬉しいものではないですし、そうした権力などないほうがいいということになります。しかし、こうした権力のとらえ方では見えてこない問題があるのではないでしょうか。

この権力観によれば、権力をもっている人は具体的に特定できるはずだとされます。実は、こうした権力のとらえ方の背景には、主権の概念がある。これまでも見てきたように、主権とは政治のあり方を最終的に決める絶対的な力です。権力の中心といってもいいもので、主権がここにあると特定できると考えられている。この主権という中心からあらゆるところに権力が及ぶとされるわけです。ですから、どんな片隅にある権力でも、たどっていけば、主権に行きつくはずとされている。あるいは逆に、主権というものをばらばらに分ければ、一つ一つが小さな権力関係になる。こういう考え方です。

暴力を用いてでも、嫌がることを無理やりやらせる。そうした非対称的な関係としての権力は、銃を見せて金を奪う拳銃強盗のイメージに近いと言えます。権力とは何かが論じられるときには、権力を行使するために用いる権力資源というものが想定されますが、そこで挙がってくる資源の典型は、まずは暴力、そしてお金です。暴力をちらつかせたり、実際に行使したりして人に何かをやらせたり、あるいはお金の誘惑を用いて人を動かしたりするというわけです。

確かに、暴力などによる強制と結びついたものとして権力を考えることは、権力現象の重要な一面を表しているでしょう。国家権力も、最後は強引に私たちにはたらきかけます。投獄や死刑といった暴力が実際に使われます。国家権力の暴力性を最も強く意識させるものは死刑でしょう。ただし、たとえ死刑にならなくても、一生監獄に閉じ込められるとしたら、当事者にとっては、それもまた十分に暴力的なものと受け止められるはずです。もし冤罪であったら、失われた時間を取り戻すことはできません。ですから、死刑廃止論と、刑罰廃止論との間には、実はそんなに距離があるわけではありません。結局は、人を暴力によって動かす国家を批判し、暴力など行使しなくても、人は秩序をつくることができるという、一種の市民社会論のようなものに近づくことになるからです。

それはともかく、ここで問題にしたいのは、拳銃強盗といった犯罪の比喩によって、どこまで権力現象の全貌をとらえることができるかです。人びとは犯罪からは極力逃げようとしますし、犯罪が行われるとしても一時的なもので、ずっと継続的に行われるものではありません。それに対して、私たちは権力が作用している場からなかなか逃げられるものではありませんし、また、逃げようとするとも限らない。警察官は怖いし、税金も嫌だ。しかし、それなら警察もない、政府もないところに行こうと思うでしょうか。そういう人もいるのですが、多くはいない。むしろ、嫌々ながらそれに付き合ってしまう。ここに大きな違いがあるのではないでしょうか。また、ここにこそ権力の特徴があるように思われるのです。

ある権力関係に、望んで入ったわけではないとしても、その権力関係の中にとどまっている。権力を及ぼされており、それによって何かをさせられている人びとが、それにもかかわらず、そうした権力関係を継続することに、いわば暗黙の同意をしている。同意というと言葉が強いですが、なかなか抜けられないということです。そのような意味では、権力は私たちが支えている面があるのではないか。一方的に巻き込まれるだけの犯罪とは異なり、私たちもまた権力に関与し、それを成り立たせている面があるのではないか。

たとえば、税金を納めることをどう見るか。納税は、権力による強制にほかなりません。もし決められた税金を納めなかったら、強制的に財産を没収されたり、懲罰を科せられたりします。しかし、税金をなくしてしまおうということにはなかなかなりません。ほとんどの人は、しぶしぶですが、納め続けます。それはなぜでしょうか。いくら個人的には嫌なことであっても、拳銃強盗と同じような意味で不要だとは思っていないからでしょう。ここにどんな違いがあるのでしょうか。

この違いについて、税は制度化されているけれども、犯罪は制度化されたものではないから、といった説明がされるかもしれません。しかし、制度化されているからといって尊重されるとは限りません。税は正統性(レジティマシー)をもつけれども、犯罪は正統性をもたないという言い方もされるかもしれません。ここで正統性とは、手続きを正しくふんでいる、といった意味ですが、同時に、人びとがそう思って受け容れているということを含んでいます。結局人びとが何らかの理由で税を受け容れているから、税という制度が成り立っているということになるのではないか。よく、税という制度があるからそれを人びとが受け容れている、といった考え方をする人がいますが、表面的なとらえ方です。人びとが受け容れているから制度があるのです。これは、権力というものについて考える上での一番重要な点です。

これに関連して、これまで警察や軍隊といったものについて、それを「暴力装置」ととらえることがかなり一般的でした。人を暴力によって動かす機械のようなものと考えたわけです。しかし、警察官や軍人にしても意思をもった人間ですから、スイッチを入れれば動く機械とは違います。もちろん、彼らも生活がありますから、ふだんは命令に従うでしょうが、もしも、権力のあり方について本当に疑問をもつようになれば、動かなくなる。かつての社会主義国では、秘密警察が網の目のように張り巡らされ、権力に逆らったものは厳しく罰せられる体制ができていました。「暴力装置」は十分すぎるほどあり、したがって、この体制を壊すことはできないという意見が強かった。しかし、実際には、人びとに見放されたとき、この体制も簡単に壊れてしまったのです。

権力が維持されるのは、人びとがその権力の存在について同意しているから、つまり正統性を感じているからです。暴力だけによる支配は決して長続きしません。それは、人びとがその支配に同意していないからなのです。

国家権力——領土か生存か

権力にはさまざまな形があり、分類の仕方もいろいろあります。最も典型的なものと考えられてきたのが国家による権力ですが、それも大きく二つに分けることができます。国境線を引く主権的な権力というのが、その一つです。そうした権力は、たとえば国境線がどこまでであり、領土がどの範囲なのかということに、非常に大きな関心をもちます。この境界線というのは、その中で主権がはたらき、法が通用する範囲を示すものでもあります。このような権力は、領土の上にいる国民たちがどういう生活をしているかということには、直接の関心をもちません。外交によって、他の主権国家との関係でメンツを保つことや、場合によっては戦争に訴えてでも、領土争いに勝って領土を確保することが何より大切とされるのです。

これに対して、国家権力のもう一つのあらわれとして、「群れ」の生存と繁栄そのものに関心をもつ権力というものがあります。この権力は、少し後で見るように、教育、公衆衛生、都市計画、そして福祉などを通じて私たちにはたらきかけてきます。

主権国家ができたときには、前者のような境界線を引く権力が主流でした。主権国家は、お互いに承認し合うことによって、自分たちの正統性の根拠としてきました。後者のような生存に配慮する権力が強くなってきた背景には、国民主権になったことがあると思います。君主主権の場合には、王の言葉が法であったわけですが、国民主権になるためには、国民の声が法とならなければならない。法が一つの声となるためには、国民が同じような人びとでなければならない。そこで、同質的な国民をつくり上げようとする権力が出てくるわけです。同質化圧力は二〇世紀の全体主義の時代に初めて生まれたわけではなくて、国民主権との関係で出てくるのです。

境界線を引くことに専念する権力と生存に配慮する権力とのどちらが政治にとって重要なのかということは、一つの重要な政治的争点として、今日までずっとあります。しかも、この争点は、ふだんはあまり意識されていません。しかし、この二つの違いは、たとえば、経済的に深く結びついている隣国との間で、領土をめぐって争いが生じたような場合に、見えやすくなります。ある人びとは、経済のためなら領土については交渉し、妥協すべきだと考えます。しかし、別の人びとは、領土で妥協するくらいなら経済に悪影響があってもいいと主張するでしょう。ここにも、政治をめぐるきわめて重要な対立軸があるのです。

これまで、国家権力は危険なものであり、私たちの自由を奪うものだということが強調されてきました。だからこそ、権力と自由とを対立させて考え、権力をできるだけ小さくしようという考え方(自由主義)が主流となっていたのです。確かに言論の自由や宗教の自由などの自由権は、国家がそれに介入しなければ守られます。放っておいてくれさえすればいいのです。それなのに国家がなかなか放っておいてくれないので、それが問題とされたわけです。歴史的に、人びとの信仰を国家が弾圧したり、政府批判の言説を封じたり批判者を迫害したりということがあったからこそ、自由権を明示して国家に守らせることが必要とされたのです。

しかし、権力との関係をこういう筋だけで考えていくと、たとえば社会権といったものについて、うまく説明ができなくなります。社会権の典型が生存権ですが、これは個人がある生活水準を維持して生きていくことを権利として考えるものです。放っておかれるのではなく、国家権力に生活を保障されることを権利と考える。そこでは、権力は積極的役割を期待されているのです。そうした分野はいくつもあります。

たとえば、学校での教育です。教育と権力との関係に注意をはらわなければなりません。学校教育では、ある言語や歴史観が子どもたちに植え付けられますが、これは明らかに強制的な面を含んでいるでしょう。国内で少数派であるために、自分たちに固有な言語を使えないようになってしまう集団も出てきますし、歴史の見方も一つにまとめられ、多様な見方ができなくなってしまいます。国家が不当に強く教育内容に介入するようなことも、これまで起こってきましたが、それは問題です。しかし、その一方で、あらゆる子どもが学校に行けるようになるためには、権力の作用が欠かせません。宗教団体なども教育を担ってきましたが、それに加えて、税金を用いて権力が学校教育の環境を整えることがやはり必要です。そして、権力によって教育が行われたとしても、そこで得られた能力は、権力を批判するために用いることもできるのです。

次に、人の「群れ」が健康に生き続けることができるようにすること、つまり公衆衛生などがあります。ここでも、権力の二面性は明らかです。特定の病気にかかった人を強制的に社会から引き離すなど、ひどい差別や排除を生んだこともありました。公衆衛生のためという名目で、強大な権力がふるわれ、人びとの生命や人生が左右されることがあります。しかし、他方で、衛生水準を維持したり、伝染病対策を緊急に行ったりする上で、権力による介入は必要でしょう。病気の蔓延や厳しい環境汚染などが予想されるときには、強制的な措置も場合によっては必要となります。食糧の安全性などについて基準を設けることも、個人でできることではありませんし、民間の市場などによって行えることではない。私たちの生活を守るために権力がはたらく場面があるのです。

先ほどふれた生存権が保障されるためにも、権力は必要になります。福祉国家は、税を集めて、それを必要な人に対して使うというものだからです。そして、こうした権力にもまた二面性があります。生活保護などを支給される際に、国家は収入や財産を厳しくチェックしたり、支給後の生活状況を監視したりします。それにとどまらず、福祉国家はさまざまな点で人びとの生活に介入する。しかしながら、人びとの生活を支えるには、教会やボランティア団体など市民社会的なものや家族などの役割も大切とはいえ、税金を強制的に集めて再配分する国家権力の機能を抜きにして考えることはできないでしょう。

さらに、人が生きていくための環境を守る上で、権力が果たす役割があります。この権力は、私たちがその中に生まれ、その中で生きていく世界としての都市や環境をつくり上げます。そのさいに、個人の自由な経済活動が制限される場合もあります。自分の土地でも勝手に建物を建てられず、高さや広さなどについてさまざまな規制に縛られるわけですから、人びとの財産権を侵害する面がもちろんあります。しかし、生活環境を整えるという意味では、これもまた欠かせない権力のはたらきです。

他にもいろいろありますが、どれについても、権力の否定的な面と同時に、いわば生産的で積極的な面があるわけです。単に権力を批判するだけではなく、そうした権力の二面性を見る必要があります。

ただし、この「生産的」ないし「積極的」という言葉については、注意すべきことがあります。権力の積極的な側面とは、あくまで、ある人びとにとってのそれにすぎないということです。その権力の中にいる人びとからはそう見えるということにすぎません。ある「群れ」の人びとの都合を考え、最適な状態にしようとすると、その群れの外の人びとに対して攻撃的になることが多い。たとえば、群れの生活を守ろうとして戦ったり、危険なものを外に持って行ったりすることがあります。そして、戦争などをする場合には、群れの内部でも一部の人びとが犠牲になる。多数の人びとの都合で、少数の人びとがひどい目にあうこともある。ですから、権力の生産的な側面を認めるというのは、権力をほめたたえるべきだということではありません。私たちがなぜ権力からなかなか抜けられないのかを理解するために、こうした表現をあえてしているのです。

私たちが権力を支えているのは、権力の効果について、私たちが計算のようなものをしているからではないでしょうか。意識的にせよ無意識的にせよ、権力の「バランスシート」のようなものをつけていて、明らかなマイナスになった場合には、その権力を支えることはやめてしまう。しかし、かろうじてプラスになっている間は、権力の否定的な側面があるにせよ、とりあえずその権力関係の中にいることを選択するということなのではないでしょうか。

もちろん、この計算はいつも正確に行えるというわけではない。それどころか、私たちはしばしば計算をごまかされることになります。しかも、ごまかされていることに気づかないことも多い。そうした側面も含めて、権力なのです。また、計算の仕方は最終的にはそれぞれの個人によって異なるでしょう。私たちはみな、権力の中にいるとしても、まったく同じ立場でいるわけではありません。ある権力の中で、どのくらいのマイナスがありプラスがあるかは人によって異なるでしょう。ただ、これだけはいえます。それは、大多数の人が我慢できないような状況になれば、権力は維持できなくなるということです。

権力はどこにあるのか

次に、権力がどこにあるのかを考えてみましょう。権力を行使する者と行使されるものとを対立的にとらえる議論では、権力がどこにあるかはすぐにわかるものとされています。

誰が権力者かは、見ればわかるというのです。制度を調べて、どこに権限があるかわかれば、どこに権力があるかわかるとされてきました。しかし、実際の権力のはたらきを見ると、必ずしもそうはなっていません。権力がどこにあるかはなかなかわからないもので、思いもかけないところに権力がある場合がある。

たとえば、民主政治である限り、世論の同情を一身に受けるような立場にある人びとの声を、政府が無視することは難しい。戦争の犠牲になった兵士や、政府の失策によって被害を受けたような人びとが、政府にどんな要求をしても、政府はそれを聞くしかない。こうした場合、少なくとも一時的には、制度上は何の権力もなさそうな人びとのところに権力があるのです。実際に政策を左右する力を発揮するわけですから。企業などの組織の中でも、権限はあまりない人が、情報をもっていたり能力があったりすることで、実際には組織を動かす「実権」をもっているということはしばしばあります。弱い立場の人びとが、戦略次第では、物事を動かすこともできるのです。

もっぱら非対称的な関係として権力をみる見方では、権力者が自分の思うようにできるということも前提とされています。つまり、権力者の側がもっている意図が、権力を及ぼされる側の意図に反して通ってしまうということです。しかし、世の中で起こる出来事はつねにそのようになっているのでしょうか。とりわけ民主政治においては、戦争などの大きな政治的出来事は、非常にたくさんの人が関与して初めて実現するので、誰か一人の意図がすべてを左右するとは考えられません。むしろ、さまざまな人びとの行動が合成して、どの一人の意図とも違う、誰にとっても意図しなかったようなことが起こるのではないでしょうか。そう考えてみると、私たちはみな、それなりに権力に関与しているのであって、権力の一部を担っているのです。

こうした考え方については、それでは責任を追及しにくいではないか、という批判があります。確かにその通りです。ふり返ってみれば、王が政治をすべてやっていたときには、責任がどこにあるかははっきりしていました。王の責任に決まっています。これに対して、多少とも民主的な政治になればなるほど、責任をもつ人はふえていくことになる。これは、やっかいなことと言えます。たとえば、ある国の戦争責任を追及したい外国にとっては、その国が民主政治などでなく、独裁であったほうがいいのです。そうすれば簡単に責任を追及できますから。また、戦争の責任を一人がとることで、次の段階に進みたいと考えている国民にとっても、本当はそのほうがいいのかもしれません。

しかし、幸か不幸か、私たちはかなり以前から、それなりに民主的な政治体制の中にあります。それが面倒であり、責任追及がしにくいからといって、独裁政治にすべきだというとことにはならないでしょう。そうであるとすれば、どこに権力があり、誰に責任があるかよくわからないということに、私たちは耐えていくしかないようです。

これまでの政治学では、権力はある一点から放射されるものだという考え方があまりに強かった。これをある思想家は、政治学ではまだ「王の首を切り落としていない」と表現しています。これは、君主主権にとどまっているという意味ではありません。国民主権にはなったのですが、そこでも君主主権のときと同様に、国民という「一つの声」の存在を前提とし、権力がどこにあるかわからないこと、権力があらゆる場所にありうることをしっかりと見ていないということをいっているのです。

監視する権力

権力の一つの表れ方として、人の行動を監視し、あるふるまいをするように強制するという形の権力があります。これは、典型的には監獄のような施設で見られます。監獄に入れられた人びとは、つねに監視され、いつどのようなときに、どう行動しなければならないかを、体にたたき込まれるのです。しかし、こうした権力のあり方は、監獄のような例外的な場所だけに見られるわけではありません。学校というのも、ある意味で、同じような構造をもっています。私たちは、社会の一人前の構成員となるには、どのような行動をしなければならないかを、学校で訓練されるのです。そして、福祉国家を運営するためにも、大がかりな監視が必要になることはすでに見ました。

考えてみれば、監視社会と言われるように、今では私たちは日常生活の中で監視するまなざしにさらされています。町中に監視カメラが設置されています。商店街の街灯にも、地下鉄のホームにも、マンションの廊下にも、自動車の道路にも、飲食店の中にも、あらゆるところに監視カメラがあり、私たちは行動を見張られている。

こうした監視もまた、最終的には国家権力につながっているのであり、国家権力の一つの表れだという考え方もあります。しかし、監視カメラが社会の中で増殖していった過程を見てみると、それが国家権力、とりわけ警察が要請したものではない場合が非常に多い。むしろ私たちの「草の根」の声が、カメラの設置を後押ししているのです。カメラがあると犯罪が防止されて安心だとか、カメラがないと不安だという声が私たちの中から挙がったことで、カメラがいたるところで増殖していったのです。

こうした説明に対しても、カメラを求める人びとの考え方そのものが、国家権力に植え付けられたものなのではないか、という反論があるでしょう。そういう面もあるかもしれませんが、私たち自身が自らの安全や安心を求める中で、監視社会化を推し進めている面があることを認めたほうがいいと思います。私たち自身が権力を支えている面があるのです。

自由主義的な議論では、人は何よりもまず自由を求めるものだとされていました。そうした立場からは、監視社会では人びとのプライバシーや行動の自由が侵されるのではないかということがもっぱら批判されます。そうした心配も確かにあるのですが、今の社会では、人びとの心の中のバランスシートが、監視社会のほうが安心で、被害の可能性はあるもののそれほどではない、という方向に傾いているように見受けられます。人間は不安の払拭よりも自由を優先するという自由主義の中心的な主張は、さほど自明ではなくなっています。

もっとも、それなら、たとえば二四時間完全監視体制をつくるべきだということになるでしょうか。絶対に犯罪被害にあいたくないのなら、自宅での生活も含めて、すべて監視してもらったほうが「安全」ということになります。そのほうが、あらぬ疑いをかけられて冤罪に苦しむリスクもなくなるかもしれません。情報流出が心配なら、一定の時間が経ったら自動的に消去されるということならどうでしょう。しかし、こういうシステムを積極的に導入していいという人は少ないのではないでしょうか。それはやはり「やりすぎ」と見なされるからです。どこまではかまわないが、どこからは「やりすぎ」なのかということも、一義的には決められない問題、つまり政治的な問題です。

市場の権力

次に考えたいのは、市場の権力です。私たちは物を売り買いしたり、一定の条件の下で働いたりするときに、何らかの選択をしています。しかし、そのときに、条件を自分で自由に決められるわけではない。不本意な部分が残るわけですが、にもかかわらず、そうしたやり方をやめようとは思わない。ここには権力がはたらいています。

今では、私たちにとって、市場の権力が最も主要なものとなりつつあります。ところが市場は政治とは違って、権力のない自由な交換の領域だという考えには根強いものがあります。たしかに市場での経済的な関係は、人と人との間の交換を中心としています。それで市場には権力はないと考えられがちですが、そうでしょうか。自由な交換とされているもの自体に、強制が、少なくともある部分には含まれています。ただし、強制がどこまで意識されるかは、場合によります。生活もできないような非常に低い賃金しか選択肢がなく、その条件で働かざるをえない人にとっては、選択はとうてい自由なものとは思われないでしょう。一方には、自分たちは市場ではるかに有利な選択をしていると思っている人びともいるでしょう。しかし、いずれにしても、プラスもマイナスもある事柄について、私たちが何かを選び、その結果として何かをし続けているというこの関係は、これまで見てきたような権力の概念に当てはまります。そして今の私たちにとっては、たとえば警察沙汰になって国家権力を意識するよりも、企業で働いたり、生活していく中で、市場の役割の大きさを意識する機会のほうが圧倒的に多いことは明らかです。

市場では、実際には、私たちの選択の幅はそんなにあるわけではない。しかし、そこに一定の自由があると私たちは考えている。考えさせられているだけなのかもしれませんが、ともあれ、そうした考えを捨て去ることは簡単ではありません。そして、自由な選択がそこにあるという思いを通じて、人びとを市場の中にとどまらせ、市場を支えるようにしむけているのが、市場の権力なのです。

今では、市場や企業の行動様式は、他の分野にとってもモデルとされ、従来は企業とは違う形で秩序づけられていたところでも、企業のようなやり方をしなければならないとされています。注意しなければならないのは、これは、いわば市場的な権力が広がっているということであって、権力がなくなりつつあるとか、権力から解放されつつあるということではない点です。

市場の権力に対しては、これを悪として倫理的に断罪すべきだとする意見もあります。近年も、何度か市場の大きな失敗があり、多数の人びとが苦しんでいますし、市場の権力があまりに強まったことによって、格差が広がり、人びとは不満を抱えています。こうした中で、市場への憎悪が高まっていますが、市場にどこまで委ねるか、そして国家がどこまで担うかといったことは、政治的な争点の最も典型的なものの一つだと思います。その意味で、それを政治の外部の、善悪の領域で論じることには私は抵抗があります。

市場の権力が暴走しないように、これを制約することは必要ですが、市場の権力から抜け出すことはさほど容易ではないことをふまえなければならないと思います。実際、現在でもまだ、人びとの心の中で、バランスシートが全体としてプラスであるからこそ、私たちは市場にとどまっているのでしょう。逆にいえば、市場の権力を私たちが受け容れているから、市場は存続しているのです。

経済のグローバル化と権力

近年、政治が「決められない」ことが問題になっています。あるいは、決めたとしてもうまく効果が出ないことが問題とされている。その要因はいろいろありますが、最大のものがグローバル化した市場にあると言っていいでしょう。経済のグローバル化が進む中で、主権国家の有効性が相対化されているのです。なぜなら、経済については国際的な取り決めが多く、一国で勝手に決められる範囲がほとんどないのです。また、一国内で何らかの制度をつくって市場を規制しようとしても、その効果は限られています。カネやモノの流れをとどめることはできません。それぞれの国が主権によって通貨をつくっているわけですが、通貨の価値はグローバル市場で決まり、各国の中央銀行が左右することはほとんどできません。

そもそも市場は国境に制限されるものではなく、交換は地表全体に広がりうるものです。産業化が始まったときからすでに潜在的には経済はグローバル化していましたが、誰の目にも明らかになったのは冷戦終結後です。近代においては国民国家ごとの経済単位、つまり国民経済が想定されていましたが、もはやその中で経済が完結することはなくなりました。国境を越えた交換活動のほうが主要になってしまったのです。そのため、ある国の主権的な決定が大きな意味をもたなくなりました。

主権国家の権力は、かなりの程度、陳腐化しています。これはいいとか悪いとかいうことではなく、現にそうなっているということであり、まずはそのことを意識すべきだと思います。しかし、それを受け止めきれず、権力はあくまでも主権的な中心から放出されるものである、あるいはそうであるべきだという考え方は非常に根強い。権力といえば国家権力であり、経済より何より法が優先するという考えにしがみついているために、主権国家が相対化されつつある現状が正しくとらえられていません。

もし、あらゆる問題を国境線の中に閉じ込めて、主権的な権力で左右できるようになれば、物事がすっきりするでしょう。実際、そのことへの欲望は非常に強まっていますが、それは所詮、無理な願望なのです。経済が国境線を越えてしまう以上、経済ナショナリズム、つまり国民という群れの中に市場を閉じ込めようとすることも現実的ではありません。

ポピュリズムとは何か

従来の主権的な権力が無力になり、問題を解決できなくなっていく中で、問題を自分たちの外部にある何かのせいにしようとする傾向が強まっています。これは、問題は自分たちとは関係がなく、外部からやってくるという発想にもとづくものです。誰か悪い人たちが自分たちに迷惑をかけている。彼らを攻撃しさえすればよくなるという考え方です。そして、これは現在、ポピュリズム現象という形で出てきています。

ポピュリズムを批判するのは難しい。へたをすると、民主政治そのものを批判することになってしまうからです。民主政治は多数派の意見に従うものです。多数派の意見が愚かだとしてそれを批判すると、民主政治そのものを批判することになってしまう。多数派よりも正しい少数派に従えというのでは、民主政治とはいえません。しかし、かといって、民主政治なら何でもいいということにはならないでしょう。ゆがんだ民主政治は批判されなければなりません。

民主政治への批判にならないように、ポピュリズムを批判することは可能でしょうか。それは、ポピュリズムの定義によります。私は、ポピュリズムとは、多数派にとって不都合な問題をすべて外部に原因があるとすることで、真の問題解決を避ける政治であると定義したいと思います。

どういうものがポピュリズムの例といえるでしょうか。ヨーロッパでは、移民の排斥がその典型でしょう。第二次世界大戦後、ヨーロッパでは、旧植民地などから多くの移民が移り住み、低賃金労働を担っています。彼らは社会に貢献しているのですが、こうした移民がいるから自分たちの雇用が失われ、治安も悪化しているとして、ナショナリズム的政策をとる政党が力を伸ばしています。経済問題をそれ自体として解決するのが難しいため、移民のせいにしているという面が否定できません。

また、日本では、一連の公務員批判の中にそうした傾向があるように思います。公務員のせいで税金が無駄遣いされ、それによって財政が悪化している。だから、公務員の数や給料を減らすべきだという主張が、このところ力をもっています。たしかに公務員の側に、その働き方などについて反省すべき点は多いでしょうが、公務員を叩きさえすれば物事がすべてうまくいくというような議論は、ポピュリズム的と言わざるをえません。現在の日本で財政状況が悪くなっている主な原因は、公務員の数などではありません。予算に占める社会保障支出の割合が大きく、とりわけ少子高齢化が影響しています。そして、支出に見合った税収が得られていません。その意味では私たち自身のために財政が赤字化している部分が大きいのですが、そこに目を向けようとしないのは問題です。

私たち自身がどういう政治を望むのか、どういう権力のあり方を望むのかを、自分の問題として考えようとはせずに、自分たち以外の誰かが悪い、それを除去しさえすれば問題は解決されるという意見に、人は傾きがちです。問題を自分たちの内部に見出すのは不愉快だからです。自分たち以外の「誰か」のせいにできれば、多数派にとっては、気持ちの上では「最大多数の最大幸福」になるかもしれません。しかし、こういうことを続ける限り、本当の問題は解決されずに、状況は悪化する一方です。

権力への抵抗とは

この章で見てきたのは、権力をどこか外部にあるものとしてではなく、私たちがその中にあるものとしてとらえるべきだということです。主権的な権力だけでなく、監視の権力も、市場の権力も、自分たちが支えている面がある。だとすると、私たちはどう付き合っていったらいいのでしょうか。

権力と自由が真っ向から対立すると考える自由主義者たちは、このように権力を内在的に考えると、権力関係から抜け出す出口がなくなってしまうのではないかと批判します。つまり、権力は私たちの外部にあると思うからこそ、批判もできるし、対抗もできる。変えることもできる。しかし、自分たちも権力の中にいるのだとすると、権力を変えることはできなくなってしまうのではないか。「自分の座っている木の枝を切ることはできない」というのです。しかし、私は、権力への抵抗は自分への抵抗だと考えるべきだと思います。

自分自身が変わるには、自分のこれまでのやり方を変えなくてはなりませんが、そうしたくないという気持ちが誰の中にもあります。しかし、自分の中のその部分とたたかう痛みなしには、社会を大きく変えることはできません。自分には何の影響も及ばないという前提で、他の人だけに痛みを押しつけるだけで何かを変えようというのは、虫がいいだけでなく非現実的な話です。

ちょっとした改革をやれば、あるいは政権交代さえすればすべてがすぐに変わるという期待もこれと同じです。公共事業などすぐにいくらでも削減できるといった議論も同じです。公共事業は政治腐敗につながりやすいものですが、地域間の格差是正の手段になり、地域経済をある意味で支えてきました。不必要で無駄な公共事業はなくすべきでしょうが、公共事業を一方的に減らすだけでは、これまでそれに依存してきた地域には大きな痛みをもたらします。都市部の利益を主張するだけの、単純な公共事業の削減論は考えものです。公共事業を減らすとすれば、地域経済を維持するための対策が同時に必要になりますし、それによって、他の地域に新たな負担が生じることも当然ありうるのです。

権力への抵抗とは、自分たちがその中にある権力を変えるということですから、まさしく自分たちへの抵抗を含む。自分たちのこれまでの生活様式を変えること。それなしには、今私たちがその中にいる権力のあり方を変えることはできません。私は一〇年ほど前に、次のように書いたことがあります。

「権力を一方的に行使されているという考え方をやめ、権力過程の当事者であるという意識を持った時に、すなわち、責任者はどこか遠くにいるのでなく、今ここにいると気づいた時に、権力のあり方を変えるための一歩がふみ出されるのである」(『思考のフロンティア 権力』岩波書店、二〇〇〇年)。

今でも付け加えることはほとんどありません。

第五章　自　由
――権力をなくせばいいのか

自由 対 権力

自由とは何か。これはずっと昔から論じられてきて、答えが出ないテーマですが、すぐに思い浮かぶ定義は、「自由とは何ものにも縛られないことである」というものでしょう。しかし、何ものにも縛られないということが本当にあるでしょうか。私たちは社会の中で何らかの位置を占めている。誰かと家族をつくっていたり、ある宗教を信じていたりし、それぞれの経済的な立場があり、ある人びとと強いつながりをもっていたり、ある性的な指向性があったりと、社会の中でさまざまな位置を占めている。それは「縛り」ともいえるのではないでしょうか。縛りというのは、つながりでもあります。社会的な関係性の中で人間が生きざるをえない以上、こうした縛りから逃れられないのではないか。だとすれば、ますます「自由」とは何かがよくわからなくなってしまいます。

ところが、政治をめぐる議論のなかでは、自由は自明なものとして扱われることが多いのです。すでにふれたように、権力と自由を対立させるという考え方が一般的だからです。権力とは、私たちに意に反して何かをさせるものであり、自由の反対にあるものだとしばしば定義されます。そうした前提に立つと、人が自由になるには権力がなくなればいいということになる。

しかも、こうしたときの権力という言葉は、政治とほとんど同義語として語られます。政治とは権力の現象であり、権力が作用しているときに政治はあるという考え方です。そしてそこでの権力とは、意に反して何かをさせるものと考えられがちですから、命令や暴力というものとどうしても結びつく。政治とは、人に何かを命じる、押し付けがましい「命令言語」の世界にあるということになります。

こうした発想が一般化したのは、二〇世紀という時代における経験があまりにも大きかったからでしょう。まずは総力戦の経験です。職業軍人だけが戦場で戦うのでなくて、ふつうの人びとが広く戦争に動員される。兵士として徴兵されることもあるし、生活や経済活動全体が戦争に投入される。さらに、非戦闘員も戦争の被害を受ける。こうした総力戦の経験が、政治と権力と暴力とを同列に並べてとらえる政治観を強めたのだろうと思います。社会主義を目指す党派が、従わない人びとに「命令言語」を浴びせたこともひびきました。

そこから、政治＝権力＝暴力を小さくすればするほど、人びとはより自由になるという考え方が出てくる。これは、たとえば「政治と文学」という形で繰り返し議論されてきたテーマにも表れています。政治の世界、そこは、よこしまな動機にあふれていて、人を何かに駆り立てたり、大変な目にあわせたりして、自由を奪い人生を狂わせてしまう。そうしたどろどろとした政治の世界に対して、文学は人間の本来の世界に迫るものである。こうした対立項を立てて、政治以外のところに価値を見出すやり方は、「政治と文化」「政治と芸術」という対照にもみられます。

しかし、実際に文学を読めば、そこに政治がないはずはありません。さまざまな社会制度が登場人物に影響を及ぼしていますし、国際情勢が色濃く影を落としていたりする。さらにいえば、登場人物たちが互いに対立したり、その対立を乗り越えて話をつけたりするその過程を、政治と呼ぶこともできるはずです。にもかかわらず、政治とは別のところに文学を見出そうとするのは、それだけ政治に痛めつけられた経験が大きいからでしょうが、二つを分ける難しさも意識しなければなりません。

権力と自由とを対立的に見る発想は憲法学にもあります。憲法学では、権利や自由と権力とを対立させる考え方が一般的です。権力は人びとの権利や自由を妨害したり侵害したりするので、人びとの権利や自由を守るために、権力を制限しなくてはならない、これこそが憲法の役割なのだという考え方です。憲法についてのこうした考え方を立憲主義と呼んだりしています。憲法によって守られる自由＝権利と、政治＝権力とを対立させて考える見方にほかなりません。

前章でも述べたように、自由と権力が対立するという見方を、私は広く自由主義（リベラリズム）と呼んでいます。自由主義はもちろん重要なのですが、こうした立場からのみ政治を見ることには限界があるとも思います。

確かに言論の自由、宗教の自由、身体の自由など、一般に自由権と呼ばれるものは、政府が何も「悪さ」をしなければ、実現することができるでしょう。こうした自由は政府の不作為を求めるわけです。放っておかれれば自由なのです。しかしその一方で、まずは暮らしていくことができなければ、他の自由も実現できない。すでに見たように、そこから最低限度の生活を保障することを求める生存権など、社会権と呼ばれる権利への要求が、とりわけ二〇世紀以降に出てきました。こうした権利は憲法で宣言されさえすれば、そのまま実現できるというものではない。人びとの生活を保障するために政府が何らかの制度をつくり、そこに財政を投入しないと、生存権は達成できません。つまりこの場合、自由権とは異なって、権力の積極的なはたらきを必要とする。自由対権力、自由対政治という構図ではなく、自由のための権力、自由のための政治という構図になるということです。

自由の条件

歴史をさかのぼってみると、自由の概念を特に発展させたのはヨーロッパですが、その伝統の中では、自由は人びとの地位と考えられてきました。端的にいえば、奴隷でない者が市民とされ、自由人とされたのです。奴隷は、他人に束縛される存在ですから、定義上、自由ではありません。ヨーロッパでは古代ギリシア以来、自由であるかどうかは、その人がどう行為しているかではなく、どういう法的な地位にあるかによって決まるとされたのです。

しかし、自由人とされた人たちの間には、実際には経済的な格差があります。自由人としての地位、それを市民権(シティズンシップ)と呼んだりもしますが、権利として平等ではあっても、貧富の差があれば、社会の中でふるまうときの力関係がまったく違ってくる。ですから、本当の自由を実現するためには、単に自由人であるだけではだめで、経済的に恵まれていることが必要だということになります。

興味深いことに、かつてのヨーロッパでは、経済的に恵まれている自由な人とは、給料をたくさんもらっているという意味ではありませんでした。賃労働をしている人は、誰かに従属して働いて賃金をもらっているわけですから、いくら高給取りであっても、自由とは見なされなかった。自由な人とは、財産があるので働かなくても生活できるような、そういう意味で経済的に自立した人間でした。そういう特権的な地位にいる人こそが自由とされたのです。

経済的に自立した人間は、たしかに他人から束縛されないでしょうし、政府に頼る必要もないでしょう。問題は、この論理がしばしば逆立ちさせられることです。つまり、他の人や政府に頼れなければ自立できるという話にすり替えられる。現代では、こうしたすり替えを、市場を極端に重視する市場主義者たちがよく使っています。福祉をやめれば、政府に頼ることができなくなり、みな自立するというのです。これは、まったく違う話です。みなが自立していれば福祉は必要ないかもしれませんが、このことと、福祉をやめればみなが自立するということは別のことです。

しかも、もともと想定されていた自立とは、単に福祉を受給しないという程度の話ではありません。普通に働いて給料をもらうような賃労働を、現代の市場主義者は自立と見なしているかもしれませんが、先にふれたように、もともとヨーロッパの歴史の中では、雇い主の機嫌を損なえば失業しかねない賃労働者は、自立の条件を満たしているとは考えられていなかったのです。真に自立しているのは、現代で言えば、個人雇用主くらいでしょう。自営している人びとでなければ自立とは見なさなかったのです。

今日、起業を呼びかける本なども巷にはあふれていますが、かといって全員が雇用主になることなどできないでしょう。みんなが社長なら誰が雇われるのかという話にもなってしまいます。全員が雇用主という世界は、アメリカン・ドリームが想定しているものに近いのかもしれません。これは、大企業が中心となる前の時代にはまだ多少とも現実味があったとしても、現代の経済のあり方を見ると、非現実的といえます。そういう意味で、経済的な自立性に自由の条件を求めるような前提は、現実には崩壊しているのです。

共和主義論、市民社会論の落とし穴

にもかかわらず、その前提を無視したような議論がたびたび出てきます。先ほどの市場主義もそうですが、もう一つ、共和主義論というものがあります。共和主義(リパブリカニズム)とは、もともと古代ローマを理想とするという意味なので、古代ローマのどの部分に注目するかによってさまざまな形をとります。古代ローマは制度的にバランスがとれていたのでうまくいったのだという考え方をする人々もいます。しかし有力な流れとしては、徳のある自立した市民が共同体や共通秩序をつくるべきだという考え方です。ところが、ここで前提とされている自立した市民像というのも、かつてはありえたような、経済的な自立性を条件としていて、現代の人びとが置かれている環境を無視している面があると思います。

これに関連して、いわゆる市民社会論についても見ましょう。市民社会論もいろいろあるのですが、そこでは自立した市民というものが想定されています。ただ、そこで自立とは具体的にはどのような状態を指しているのか、とりわけ、今問題にしている経済的な立場との関係について、市民社会論はあまり語らないことが多いのですが、それは問題だと思っています。ある人が経済的に他の人びとに従属しなければならない度合が強いとすれば、その人は自立した市民としてふるまうことができるか疑問が生じるからです。言い換えれば、人びとが自立した市民としてふるまえるようにするためには、いろいろな条件を整える必要があるということです。

市民社会はふつう、政治＝権力の領域である国家とも、また経済の領域である市場とも区別されるものとして定義されます。そこでは、国家も市場もそれぞれに強制的な側面をもったものとされ、したがって自由を損なうものとされます。その上で、それとは異なる、人びとが自発的に参加する、したがって自由を損なわない領域として市民社会を考えるのです。市民社会という領域は、具体的にはさまざまなボランティア団体やＮＰＯ（非営利組織）などが活動するところとされます。

このように市民社会論は、本来、国家と市場の両方に代わる、第三の領域を大切にするものであるはずです。現代社会で国家が肥大化したり、あるいは市場が暴走したりすることに対して、市民社会という第三の領域を持ち出すことには、大きな意義があります。しかし、それでは市民社会論が、国家と市場への二正面作戦、つまり両方に対して均等な戦い方をしているかというと、そうではありません。しかもこのことを市民社会論者はあまり意識していないのです。市民社会論は、市場への明確な批判よりも、国家批判に関して声高になるところがあるのです。

国家の強制性が見えやすいのに対して、市場の強制性は見えにくいということもあるかもしれません。市場での交換は、表面的には自由で自発的なものです。私たちは、何かを買うときに、それを直接に強制されることはあまりありません。複数の選択肢の中から自由に買っているものと思っている。しかし、実際にはたくさんの広告費を使う大企業の製品を、品質のよりよい中小企業の商品よりも買ってしまうということはありえます。そういう意味では、私たちの選択は操作されている面があるわけです。また、とりわけ労働力の売買、つまり働く契約をする際に、ちっぽけな一労働者が、巨大企業と対等な立場で契約しているというのは、いかにも作り話のようなものです。不利な条件と思っても、それしかないので契約した、というのが多くの人びとの実感でしょう。にもかかわらず、こうした、表面的な自由や自発性の裏にひそむ、市場における強制性は、資本主義を批判する社会主義思想などによって強調されてきたものの、市場経済への信頼が強い現在ではあまり顧みられません。市場にもまた権力がはたらいていることが、無視されがちなのです。

市民社会の重要性を議論するときにも、国家への批判が強い一方で、市場への批判はおろそかとなる場合が多いのです。その結果として、市民社会論は市場主義と連携することになっています。

官僚が物事を決めることはけしからんとして、官僚から権限を奪おうとする。また、従来、政府がやってきたことは、お役所仕事で非能率だし、上から強圧的に押し付けるばかりで地域の実情に合わないことが多いので、これを市民社会に委ねるべきだといった主張がなされます。問題は、そうやって政府の手を離れた事業の多くが、実際には市民社会でなく市場に委ねられるという点です。規制緩和や民営化についての議論では、政府批判について、市民社会論と市場主義とが一致していました。それは束の間の同床異夢で、結局は、市場に委ねられるケースがほとんどだったのです。

また市民社会論に関しては、次のような問題もあります。それは、生きていくための最低保障、つまり生存権を保障する責任を負うのがどこかをあいまいにしかねないという点です。福祉国家という考え方は、政府が税金を使って社会保障政策を実行する責任を負うというものでした。これが二〇世紀を通じて、相対的に豊かな国々に限定すれば、ある程度実現されたわけです。ところが、その後の経済のグローバル化の中で、各国の財政が苦しくなり、次第に有名無実となりつつある。これが現状です。先ほども述べたように、福祉さえやめれば人びとが自立するはずだという転倒した論理がこれを支えています。

こういう状況で、市民社会がボランティアやNPOによって、これまで政府がやっていたことを肩代わりすることをどう考えればいいでしょう。たしかに、できることを誰かがやるというのは必要なことですし、いいことです。政府が苦しいのならそれをある程度肩代わりするということもありうる。しかし、実際には国家の役割がなければ、最低限の生活保障さえ難しいというのが、これまでの私たちの経験です。市民社会論が、生存権を保障する義務を国家から免除すべきという市場主義者の主張と結果的に共振してしまわないか、注意する必要があるでしょう。

自由というテーマからやや脱線しました。要するに、共和主義論や市民社会論は、自発的な政治のあり方を考える上で重要な視点を含んでいますが、そこで、現在の私たちが置かれている経済的な立場が、しばしば見失われているのではないかという指摘をしたかったのです。

抵抗としての自由

これまで見てきたように、自由の条件として、権力のいわば生産的・積極的な側面に期待することがどうしても必要です。たとえば福祉国家が人びとの自由を可能にするという点を否定できないのですが、しかし、その一方で、福祉国家さえあれば自由が実現するというわけではないことも確認する必要があります。自由を成り立たせる権力という側面だけを強調すると、そこからもまた問題が出てくる。もし自由をそのようにとらえていくと、自由が平等とほとんど同じことになってしまうからです。貧困な状況にある人は自由を実現できないし、人びとがかなりの程度平等にならない限り、社会全体としても自由が達成できないということは事実でしょう。しかし、自由を平等と同じものだと考えてしまうと、自由にとって大切な何かが抜け落ちてしまうのではないか。

自由を守るために人びとが支え合う必要があることは間違いありません。その支え合いとしては、市民社会的なつながり、つまりボランティア的な連帯というのもあるでしょうし、また、国家が介入することによる再配分ということもあるでしょう。連帯をすることで自由が実現されるという面はもちろんありますが、しかし、自由と連帯とが完全に重ね合わされるものであるかのようにとらえると、やはり自由の大切な側面が見失われてしまうのではないかと思うのです。

つまり、自由には、平等や連帯にかかわる、いわば求心的な側面、中心に向かって結びつけるような側面があると同時に、あるいはそれ以上に、遠心的な側面、人びとを引き離すような側面も欠かせないのではないかと思うのです。抵抗としての自由という要素が、自由について考えるにあたっては無視できないのではないか。

この抵抗としての自由とは、現在ある秩序や社会のあり方にどこか違和感がある、何かが違うという気持ちから始まります。そこから、何かを変えなければいけないと思い至るのが、物事を変える第一歩になる。もっとも、この第一歩が、すぐに結果につながることはほとんどありません。関係するすべての人びとが、今あるものを変えなくてはならないという気持ちを一斉にもつことなどありえないからです。

現在、自分が恵まれた地位にあるのか、そうではないのかという社会的・経済的な地位の違いもかかわっているでしょう。また、年齢や世代の違いによっても左右されるでしょう。通常、これから社会に出ていく若い人びとよりも、高齢の人びとは、既得権をもっている面がありますから、何かを変えることに否定的になりやすいと言えます。

変化を阻む「壁」

こうしたわけで、人びとが今ある何かを変えようとしたときには、なかなか変えられない「壁」を意識することになります。私たちの自由な選択を阻む壁です。ここで考えたいのは、この壁とはいったい何なのかということです。その壁は、自分の外にあるものなのでしょうか。

このことについて考えるために、次のような意見について考察してみることにします。

有権者は選挙を通して民意を表現している。その選挙の結果として政府がつくられ、政策を実現しようとしているわけだから、政府の政策は私たちの民意を体現しているはずである。そうした政府やその政策に対して、私たちが抗議のデモをするのはおかしいのではないか。私たちの民意は、選挙という一つの回路に限定することで、より強く反映できるし、自分たちが選んだ政府に好きなようにやらせることで、私たちの力を最も強くできる。自分たちの声を体現している政府に対して別の声を、たとえばデモのような形で発したとしても、それは雑音にすぎない。私たち自身の本当の声を台無しにしてしまう矛盾した行為ではないか、という意見です。

このような考えは、多様な声を一つの声に集約・統合することこそが民主政治であり、国民主権だという思想的な伝統と関係しているものです。それは一面では正しいのですが、それだけを強調することには賛成できません。自分たちの代表としての政府に対して抗議行動をすることは、いわば、自己内の対話だととらえることができます。私たち自身が、私たちを代表しているものに対して抗議したとしても、それは矛盾でも何でもない。

選挙の結果として表れたものを、私たちはどう受け止めるべきなのか。大切なのは、仮に結果が自分自身の考えとはかけ離れたものであったとしても、ひとまずそれを、自分の声でもあると認めることです。それは、「私たち」全体の声であって、自分の声そのものではないのですが、代表制という制度を通じて、それは私自身の声ということにもなっています。「代表」の章でも見たように、こうした代表制というものは、いかにも納得がいきにくいものです。しかし、そうした制度を私たちが受け容れ、それにもとづいて選挙に参加している(棄権という選択をする場合を含めてですが)以上、まずは、その結果が、自分の声であるということを認めたほうがいい。その上で、なぜ自分の思いとは違う結果となっているのかを、自分の問題としなければならないのです。何が問題だったのか、そして、今後どうすべきなのかを考えることです。そうしたことを避け、選挙結果は自分とは関係のないものであり、したがって、自分としてはそんなものは無視する、という態度に出たのでは、何も始まりません。

ただし、だからといって、選挙結果だけが民意の表れだから、それ以外は無視できるとか、あるいは、選挙に勝った政治家にすべてお任せすべきだとか、政府の意見を批判してはいけないとかいうことにはまったくなりません。政府がさまざまな条件の下で、ある政策を出してきたときに、自分たちがそれに納得できないということは十分にありえます。自分たちの代表としての政府が発している声も、政府が自分たちを代表している以上、自分たちの声ですが、それに対して抗議しているのもまた、自分たちの声なのです。自分の中にいくつかの異なる意見があって、それらが自分の中で「ああでもない、こうでもない」と対話することは、よくあることです。私一人の中でも考えが揺れ動いたり、意見が分かれたりすることがあるぐらいですから、私たち全体の中がつねに一つの意見で統一されていなければいけないというのは、とうてい無理な前提です。

私たち自身、すでにある現在の体制の中に組み込まれていますから、現状を一面では支えているわけです。もし私たちがこれを変えるとすれば、自分自身のある部分を否定していかなければいけないわけです。自分たちがつくったものを自分たちが否定していかなければいけない。自分たちが壊そうとしている壁は実は自分たちの中にあるのです。壁は外にあるのではありません。

壁の存在をまずは受け止めて、その矛盾をどのように解決するかを考えていくしかないのです。自分たちが選んだ政府に対して、自分たちが抗議し始めたときには、自己内の対話が始まった証《あかし》なのだと考えるべきです。もちろん、個人の中の対話はいつか整理され、私は何らかの決断をすることになります。そうでなければ何もできませんから。私たち全体にかかわる政治についても同じで、結局は何かが決まることになります。しかし、それまでの過程で、多様な声がぶつかり合うというのはむしろ自然なことだと考えるべきです。

政府への抗議は雑音に過ぎないという話を突き詰めていけば、結局、選挙期間以外は、政治的な言論の自由や結社の自由はなくてもいいということにもなりかねません。これこそまさに政治を閉塞させる考え方につながりかねないのです。

目的としての自由の難しさ

現在の秩序に対する違和感というものはつねに出てくる。そして、それにもとづいて自らとの対話を始めることが、私たちの自由の大事な部分だと述べてきました。そうであるとしても、ここで次のようなことを問う必要がありそうです。変えさえすれば何でもいいのか、変えることがいつも正しいのか、をです。

現在では、社会の閉塞感が深まるなかで、改革に対して過大な期待が集まる傾向がたいへん強い。現状を変えるならば何でもいいという考えがむしろ主流にさえなっています。しかし、変えることがつねに正しいとは限らない。いろいろと得失を考えた上で、変えないほうがいい場合には、断固として現状を守るということも必要ではないかと思われるからです。そうであれば、あるべき変化とあるべきではない変化という区分をどうすればできるのでしょうか。正しい変化の方向性というものがあるのでしょうか。

この点に関しては、目的としての自由ということが考えられてきました。つまり、人間がより自由になることが正しい方向であって、それを進めるような変化は正しいが、それを後戻りさせるような変化は間違っているという基準設定です。こうした考え方によれば、抵抗としての自由に関しても、それを発揮した結果として人びとがより自由になるのなら、目的と手段が一致しているので、そうした自由の行使は正しい。ところが、自由を発揮した結果として人びとがより自由でなくなるのなら、目的と手段とが矛盾するので、そういう自由の行使は間違っているということになります。これが問題になる場合とは、たとえば、自由な選挙によって抑圧的な体制を選ぶようなことが認められるかどうか、といった場合です。これは決して仮想的な問題ではなく、この地球上でしばしば起こったし、これからも起こりうることですが。

いくつかの問題があります。そもそも、自由な状態の実現とは、具体的にどういうものなのかが問題となります。

何が自由な状態なのか。単に自由放任で、すべて自己責任ならそれで自由なのか。市場主義者が言うように、すべてを市場に委ね、政府は介入しないということで、本当に自由な状態になるのであれば、話は簡単です。政府をなくしてしまえば、自由になる。しかし、先に見たように、自由の条件整備のための権力や政治というものがあることは無視できません。むしろ現在のように市場主義的な傾向が強い中では、この点は強調しなければいけないと思います。とすると、どうなるか。自由な状態とは、単なる権力や政治の否定によっては不可能であり、むしろ権力や政治によって実現しなければならない点があるということになります。言い換えれば、自由な状態とは政治的な秩序の不在ではなく、むしろある種の秩序構想をそこに折り込まなくてはならないものなのではないか。

ところが、そうすると問題になるのは、真に自由な状態といえるような秩序の構想を、私たちが前もって知ることができるかという点です。

歴史上、さまざまな解放の思想が存在しました。典型的には革命論ですが、最近の極端な市場主義なども含まれます。それらはしばしば現状に対する激烈な批判を伴っていました。現状では私たちの自由がこんなにも奪われ、束縛されている。だから、今の秩序を壊すべきだという主張として出されました。そこまではいいとしても、問題は秩序を壊して解放された結果、本当の意味での自由が実現するのかどうかということです。現実には、単なる無秩序が出現したり、逆に抑圧体制が生まれてしまったりしました。このことは、これまでの解放の思想が、自由と権力とを折り合わせる構想をもたずに、権力をなくせばいいという程度の考えしかなかったことに主な原因があると思います。解放後の自由な社会の構想が欠如していたという決定的な問題があったのです。そして、さまざまな解放の思想によって裏切られ続けたという思いが、人びとに、自由な秩序というものへの疑いを植え付けてしまいました。

ですから、私たちがこれから抵抗の自由を行使するにあたっては、もう少し周到な準備が必要だと思っています。自由と権力とを単に対立させてとらえるのではなく、自由を実現するための権力、自由を支える政治といったものについても考える必要があります。それは、革命思想のように華やかなものとはならず、おそらくもっと地味なものでしょうし、一つの論理によってきれいに貫かれたものではなくて、いくつかの対立するものを妥協させ、不器用につなぎ合わせたものとなるでしょう。

未完の自由

もう一つ、さらに突き詰めて考えていくと、自由な状態を実現するという考え方と、自由を維持するという考え方との間には一種の緊張関係があるとも言えます。もしも本当に自由な状態が実現してしまえば、そこでは抵抗の必要はなくなるわけです。完全に自由な状態なわけですから、それへの抵抗は自由をより減らすことになってしまう。自由という目的が実現すれば、抵抗の自由は必要なくなってしまうし、認められなくなってしまう。これこそまさに自由を否定する考え方ではないでしょうか。究極の自由な状態というものがあり、それが実現できると想定してしまうと、実は自由の最も大切なところが見失われてしまうのではないか。

自由とは、完全な意味では決して実現できるものではない。そのことを、まずは認めたほうがいいと思います。かといって、完全には実現できないのなら、自由には意味がないのかというと、そうではありません。自由を求めることのうちにこそ、自由の重要な本質がある。自由を求め続けるからこそ、政治が必要になります。そして、政治が存在している限りで、自由は実現しているのです。自由の必要性を否定したときに、政治もまたなくなる。そういうものではないかと考えています。

第六章　社　会
——国家でも市場でもないのか

社会は存在するか

社会とは何なのでしょうか。まるで当たり前のように扱われがちのこの言葉ですが、実はよくわからない点が多い。にもかかわらず、それを当たり前のように論じることによって、特定の考え方を「密輸入」している場合が多いのです。

社会など存在しない、という言い方をする人びともいますが、その場合には、何か他のものがあることを前提としています。たとえば、「個人」はあるとされます。個人は確固としたものとしてもともとそこにあり、疑う余地はないとされる。しかし、その個人というものはどうやって形成されたのか。人は生まれてきた状態のままで、人として暮らしていくことができるのでしょうか。

社会が契約によってつくられたとする社会契約論の理論家たちは、そうした個人がいるだけの状態を「自然状態」としてまず想定しました。社会以前の状態から社会にどう移るかを描こうとしたわけです。それでも、彼らの議論で、本当に素のままの人間のあり方について論じることができたかについては、さまざまな疑問が浮かびます。

何よりもまず、自然状態では、人びとは言葉を通じて関係をもっているとされる。いくら人が狼に喩《たと》えられ、暴力が容赦なく用いられることが強調されようとも、他方で人びとが言葉によって結びつくことはそこで前提とされています。だからこそ、社会の設立について、契約で合意することもできるわけです。しかし、共通の言語をもつためには、あらかじめ、ある範囲の人びとの間で長期にわたって深い交流がなければならないのではないでしょうか。

これに関連して、自然状態では、人びとは契約というものについて同じ考え方をもち、しかも契約は守られなければならないという強い意識をもっていることが前提とされています。これは、かなり高度な内容を含む合意です。単に口から出ただけの言葉によって縛られるという考え方は、決して自然なものではないからです。

その上、自然状態で、人びとは自分たちにかかわりのある人間の範囲がどこまでなのかを、すでに知っているようです。だからこそ、契約なるものが可能になると想定できるのでしょう。ある範囲の人びとが契約に参加することで、はじめて社会契約は成立したものと見なされるはずです。しかし、その範囲がいつどのようにして決まったのかは、不明のままです。誰と誰が契約の当事者なのか、そして、なぜその人びとなのか、ということは明らかにされず、まるで当たり前のように話が進みます。しかし、もしもある一定の範囲の人びとが、そして彼らだけが、ともに社会契約をすべき人びととして特定できるとすれば、そこにはすでにある一つの「群れ」があるはずです。この「群れ」はいったい何なのでしょうか。それは契約に先立って、場合によっては戦争や征服などの結果として成立した単位なのではないでしょうか。

このように、社会が存在しない状態について考えることもとても難しいのです。にもかかわらず、社会などない、個人だけが存在するという言い方をする人がいるとすれば、それはやはり、何らかの意図にもとづくものです。人びとの間のつながりを弱いものと見なし、人がみな、個人として当然に自立できると考え、福祉国家など必要ないと主張するといったことです。しかし、人は思った以上に、他の人びととの複雑な関係の中で暮らしているのではないでしょうか。そうしたいろいろな関係の中で、「社会」と呼ばれるものは、どこまで独自のものと言えるのか、考えてみたいと思います。

市場と社会

社会について論じるにあたって、それを何よりもまず市場と区別し、社会と市場との間に鋭い対立を見出そうとする人びとが多くいます。「社会的なもの」という言葉を大切にし、それに特別な意味を与えようとする人びとのほとんどが、市場を敵視し、市場における人間のあり方とは根本的に異なる関係の場として、社会というものを考えようとします。

社会的なものを大切にする人びとは、たとえば「連帯」という言葉を好みます。連帯とは人びとが支え合うということであり、生活に必要なものを相互に分け合ったり、さまざまな不運に遭遇したときに、それを補い合ったりする関係がそこでは想定されています。これに対して、市場では人びとは自己の利益だけを追求し、相互に支え合わないということが強調されます。

しかし、市場も、ある意味では人びとが支え合う関係を伴っています。市場があることで、人びとが必要を満たすことができる場合があるからです。逆に市場がないために、生活に必要なものを得ることができない場合もあります。また、不運に遭遇したときの助け合いについても、保険制度をはじめとして、さまざまなものが市場の中に用意されています。保険とは、加入者があらかじめ掛金を払い、病気や事故など困難に直面したときに保険金の支払いを受けるという制度です。そこでは、一度も病気にならず、事故にもあわずに、支払いを受けなかった人も文句を言わないことになっています。

保険制度には、もともと市場的な側面と連帯的な側面との二面性があるからだ、ともいえるかもしれませんが、それなら市場一般についてはどうでしょうか。

たしかに、市場では利益をめぐる厳しい競争が繰り広げられ、個人も法人も競争に敗れれば退場を余儀なくされます。その有様は、まさに自然状態を思わせます。しかし、すでにみたように自然状態でさえ、人びとは言葉を共有し、そればかりか多くのルールを共有していると考えるほかありませんでした。市場も、それが安定的に維持されるためには、それに参加する人びとの間に何かが共有されているのではないでしょうか。人びとがさまざまな交換を行う際に、自分がだまされないかどうか、つねに不安を持ち続けているようでは、円滑な取引ができるはずがない。人びとの間に一定の信頼関係があることが、経済関係がうまくいく上での一種の資本となっている、という考え方もあります。

これは、個々人の善意といった倫理的なものではないかもしれません。むしろ、それぞれの人が自分の長期的な利益を考えた結果なのかもしれない。単に短期的な利益を追求するのであれば、人をだましたり不正をはたらいたりするのが合理的な場合もある。しかし、自らが市場の中にとどまれるようにするためには、市場から追い出されるような行動は慎むのが合理的となります。問題は、こういう動機によって行動していることを、社会的な連帯と同じようなものと見なすことができるかどうかです。できない、と答えるのは簡単でしょう。人びとの行動の動機が根本的に異なっている、と考えるのならそうなります。市場が利己的な動機に支えられているのに対し、社会的連帯は利他的な動機にもとづくといった区別にこだわるのならば。

けれども、人間の行動の動機付けを、そのように図式的に分けることができるでしょうか。純粋な愛情にもとづくと考えられている行動の背後に打算を、欲得ずくと見える行動の背後に、打算を超えた何かを見てとることができる場合もあるのではないか。

たとえば、最も純粋な「情愛」による集まりと見なされがちの家族についても、そこにはさまざまな関係が隠されているかもしれません。ある時期に尽くすことで、自分が病気になったり高齢になったりしたときにサーヴィスを受けたいという、一種の保険制度のような役割を期待している側面もあるかもしれません。

こうしたことを一つ一つ詮索してみても仕方がありません。何らかの調査によって、家族の構成員の「真の動機」を探り当てることができるとも思えない。人は本当のことを答えるとは限らないし、それ以前に、自分自身の行動の動機を知っているのかさえわからないからです。家族についてそうだとすれば、他の場で、連帯の背後に取引が、取引の背後に連帯があったとしても不思議ではないでしょう。社会と市場とを分ける境界線の根拠も、さほど確かなものではないのです。

このような議論に対しては、次のような意見があるかもしれません。まず、たとえ人間の動機が複雑であるとしても、だからといって、人間の動機を類型化しなくていいのか。利己的な動機と利他的な動機といった区別は、少なくとも傾向としてはあるのではないか。利己的な場としての市場と、利他的な場としての社会とを分けることが無意味とは言えない。歴史的に見ても、市場競争の中で従属的な地位に置かれ、苦境に陥った人びとに対して、どう手を差し伸べるかという関心が、社会的なものへの要求を生み出したのだ。社会は市場との対比の中で考えられてきた。そのことの意味を軽視することはできない。そして今、世界大での競争の激化が言われる中で、市場は明らかに肥大化し、暴走している。これを食い止めるためにも、市場と切り離された社会というものを想定するのが有利である、といった議論です。

たしかに、市場／社会という境界線を引くことはできるし、それによってもたらされるものも多いでしょう。しかし、そうした境界線が自明ではないことを意識し続ける必要があるのではないでしょうか。社会的なものを大事にする人びとは、あらゆる悪や矛盾が市場の中にあると想定し、その一方で、社会というものを悪や矛盾とは一切無縁な場と見なす傾向があります。しかし、すでに見たように、家族をもっぱら情愛の場と見なすことは、私たちの目をくもらす面がある。そこは情愛の場であると同時に、取引と言えるようなものや、権力関係と呼べるようなものが存在している場でもあるかもしれません。

家族・社会・市場・国家といったものを、単純化された形で定義することは、確かにある種の対比を明確化しますが、同時に、何かを隠すことになるのです。

国民と社会

社会はどこまで広がっているのでしょうか。あるいは広がりうるのでしょうか。これにあてはまる言葉が生まれた西洋で、かつて社会というものは、今日では社交界という言葉で連想されるような、きわめて限られた特権的な人びとを指すものでした。ところが、一九世紀前後に、社会的な連帯とか「社会問題」の解決といったことが盛んに言われるようになるころまでに、社会という言葉は貧しい労働者たちまでをも含むようになり、それどころか、むしろその部分を主として指す言葉に変わりました。貧困問題が社会問題と呼ばれたのもそのためです。ただ、その後、この言葉の意味は拡散して、そうした用法はどこかに置き忘れられてしまいました。

社会をきわめて広くとらえたときに、それが市場ともつながりをもつということについては、すでに見ました。人びとの間の関係が続くには、言語やルールなどが共有されなければなりません。たとえ金銭ずくの関係であっても、円滑に維持されるには、さまざまな前提が必要になります。そうした見方からすれば、誰と誰との間にも、何らかの関係はあると言えます。恋愛関係のような、通常かなり狭い範囲の関係から、交易圏のような広大な範囲に及ぶ関係までありえますが、人びとは現にさまざまな形でかかわり合っているし、仮に今、関係が見当たらなくても、潜在的にはどこにでも関係が生じうるわけです。

今日、グローバル社会といった言い方がされるのは、こうした文脈をとらえてのことです。一見無縁に見える人びとが、実は何かによって、どこかでつながっている。先進国の豊かな人びとと、途上国の貧しい人びとの間には、商品の流れ、資本の流れ、資源や廃棄物の流れなどがある。そして、ヒトの流れも活発になっている。こうした事情を意識する上で、グローバル社会という言葉は有益です。ところが、一般には、そうした言い方は今なおどこか怪しげなものと受け止められています。それは、否定するのは難しいとしても、実感の伴わない、形だけのものだという印象がある。なぜなのでしょうか。

それについて考えるには、逆に、実感の伴う社会の範囲とされるのはどこまでなのかを見る必要があります。今日でも、そう問われた人の多くは、国民国家だと答えるのではないでしょうか。社会の範囲が国民の範囲と一致しているものとされていることに、改めて注意を向けてみる必要があります。というのも、後に見るように社会と国家とを峻別しようとする考え方が一方で非常に根強いのですが、このことと、社会＝国民という考え方との間には、一種のねじれが存在するからです。

もちろん、国家（ステート）と国民（ネーション）とは別だということにできれば、ねじれなどないことになります。国家とは、強制力を伴って人びとにルールを守らせる制度であり、これに対し、国民とは具体的な人びとの群れであるという点。片や制度であり、片や人の群れであり、両者は別次元にあるという点。こういう点を強調すれば、社会の範囲が国民の範囲と重なったからといって、社会を国家とまで結びつけたわけではないということもできるかもしれません。

しかし、実際には、国家と国民とは表裏一体の関係です。少なくとも、国民国家という単位が相対化され始めた最近まではそうでした。なぜなら、国民とは国家によって囲い込まれた群れだからです。戦争や征服の結果として、事実上囲い込まれた人びとが、国民になったのです。これに対して、いやそうではない、国民はもともと何らかの点で似た人びとなのだ、という議論もあるでしょう。国民という単位を確立するのに成功したところでは、だいたい、そういうことが信じられてもいます。しかし、その「似た人びと」がどうやって「群れ」になったのかを探っていくと、国家と呼べるようなものが大きな役割を果たしている場合が多い。つまり、制度的に教育を行ったり、文化的な統合政策を行ったりした結果として、国民としての同質性がつくり出されたのです。

他方、国家が維持されるには、国民という単位が確立しているほうが都合がいい。すでに見たように、制度が円滑に機能するには、言語やルールが共有されていることが有利だからです。こうしてみると、国家が国民をつくり出し、国民が国家を再生産するという関係があります。国民国家とは、こうした表裏の関係が成立している、あるいは成立すべきと信じられている状態なのです。

要するに、国民国家とは、社会＝国民＝国家という等式関係が成立しているとされる状態です。社会が地表を覆って広がりうる、あるいはすでに広がっているという考え方を怪しみ、国民という単位に実感らしきものをもった時点で、人は社会について論じているつもりでも、実際には国家について論じ始めている可能性があります。そこでは、意識することなく国境線が人びとの考えの中に導入され、社会の範囲が限界づけられているのです。

このことはどういう意味をもつでしょうか。国民という単位と結びつけられることで、社会は一定の安定性をもつようになるとも言えます。社会とは、どこまで広がっているかわからないようなものではなく、とりあえず国境線の中に囲い込まれた人びとのことなのだ、と考えることができる。国境線の向こうは関係が薄い領域なのだと考え、内側の事柄に専念することができる。そこから先、境界線の内側で社会的な連帯、つまり福祉国家的なものをどこまで実現するかどうかは、それぞれの「社会」の判断とされる。主権をもつ国民国家というものを前提とすることで、政治を安定化させようとする人びとは、このように考えることでしょう。

しかし、社会＝国民という等式の自明化は、多くのことを覆い隠します。何よりも、社会的連帯や支え合いが、実際には国民というごく限定された範囲内でしか行われない（行われるとしても、ですが）ことが、見えなくなってしまう。境界線の向こう側で人びとが飢えていたとしても、それは社会的な問題とはされないのです。豊かな国と貧しい国との格差がここまで開いているときに、そうした視野の狭さは正当化できるでしょうか。

しかも、国民国家の境界線は、特定の人びとの群れを囲い込むという意味でだけ限定的なのではありません。同時にそれは、社会と国家との結びつきを際立たせることによって、社会というものがもつ、それ以外の側面を見えなくさせる効果をもっています。たとえば、先ほど述べたような、社会と市場とのつながりは見えなくなってしまいます。

市場に批判的な人びとは、それでよいではないかというかもしれません。とりわけ、最近のように市場の力が強まっている状況では、市場と社会を対立させてとらえることに意味があると言うでしょう。しかし、関係は、それを見ないことによって消滅するわけではなく、むしろ、見なければますますそこに残ります。豊かな地域の人びとと貧しい地域の人びとは、資本、商品、資源、そしてヒトの移動という形で、現に結びついている。その関係を自分たちの問題として、つまり社会の内部の問題として見ることは、関係のあり方を問い直す第一歩ではないでしょうか。

最近では、福祉社会を守るために、改めて国民という単位にこだわるべきだという議論も出ています。社会的な連帯を実現するためにこそ、社会というものの範囲を、地理的にも、そして意味の上でも限定すべきだとします。連帯を維持するためには何らかの集合的なアイデンティティの意識が必要であり、現在のところ、そうしたアイデンティティとして有力なものは、国民以外にはない、ということのようです。生活条件を平等化するには、税金などの形で人びとが負担をし、資源を再配分しなければならない。そのようなやり方を人びとが受け容れるためには、同質性の意識が必要だとされるのです。

ここで注目しなければならないのは、福祉社会というものが、福祉国家とも呼ばれうるという事実です。社会的な連帯という場合には、国家とは別の市民社会的な領域、つまりボランティアなどの作用が主として念頭にあると思いますが、実際に福祉の重要な部分を担っているのは国家です。これは、北欧などの福祉先進地域すべてについて言えることです。実際には再配分は、そのほとんどを、強制力をもつ政府によって担われている。それは、国家の機能なのです。国家の活動を支えているのは社会であり、そちらが本体なのだ、と考えることも自由ですが、それでも福祉社会（ないし福祉国家。どちらとも呼べることが重要です）が相対的に実現しているところでは、国家と社会は鋭く対立しているよりは、むしろ表裏一体となり、「社会国家」ともいうべきものが成立していると見たほうがいいのです。そのように見れば、社会的な連帯は、現実には、国家権力と不可分となっています。このことをまず確認しなければなりません。

こうした言い方は、反発を招くかもしれません。国家と社会とは区分されるべきであること。国家は強制的な領域で、社会は自発的な領域であること。強制よりも自発性のほうが望ましいので、国家をより小さくし、社会をより大きくすべきであること。こうした考え方は、広く共有されてきました。そして、国民国家の間で戦争が繰り広げられた時代には、国家は境界線をめぐる戦いを有利に進めるために、国内の締め付けを強めたので、それが国家権力の理不尽さを印象づけたことも事実です。

しかし、それでは国家は社会と無縁なところで、単に権力のための権力、暴力のための暴力を行使していたのでしょうか。あるいは国家は、社会の中のごく一部分である特定の利害のために、権力ないし暴力を振るっていたのでしょうか。そうした場合もあるでしょうが、そうでない場合もあります。国民国家では国民と国家は表裏一体の関係にあり、国民にとっての都合とまったく無関係に、国家が長期にわたって大規模な行動をとることなどできません。二〇世紀の総力戦は国民によって支えられた面があります。戦争そのものを望まなかったとしても、植民地の拡大により市場や雇用が得られることを歓迎し、それを求める世論がありました。

国境線によって囲い込まれた社会は、国家から独立した存在ではありません。強制的な国家と自発的な社会といった二分法的な区分は成立しない。そこにあるのは、一面では強制的でありつつ他面では自発的な関係のすべてであり、それは社会国家としか呼びようのない状態なのです。

これに対し、仮に国民国家では国家と社会とがくっつきやすいとしても、その二つを分離して考えたほうがいいのではないかという議論もあるでしょう。国家は人びとを戦争に動員することさえできるほど強力な存在であり、人びとの生活を一変させるだけの力をもつ危険な存在なので、それをいわば抑え込んでおくべきではないか、ということです。

しかし、国家、市場、社会などの中で、どれが人びとにとって最も暴力的であり、強制的であるかはあらかじめ決められません。あえていえば、国家が最も暴力的で危険であるに決まっているという意見は、ある時代の歴史的な経験にもとづくものです。たとえば、市場で痛めつけられ、地域では迫害され、家族にも見放され、国家による保護を受けてようやく生活の安定を見た人物がいるとしましょう。彼に対して、国家権力の恐ろしさを説いても無駄でしょう。逆に、国家に痛めつけられ、市場によって救われるということもありうるのです。

あいまいな領域としての社会

社会について考えるにあたっては、社会と国家との関係とともに、社会と市場との関係が最も重要な問題であり続けてきました。国家が強制を伴うのに対し、市場は少なくとも表面的には自発的な交換の関係にもとづくものです。そこで、国家の強制性を批判し、国家の権力作用が小さければ小さいほど人間は自由になりうると考えると、その文脈では市場を批判するのは難しくなります。国家と区別されたものとして「市民社会」を考える際に、しばしば市場がその内部に含まれるものとされるのもそのせいです。

しかし、社会的なものを重視する人びとの中には、市場こそが最も強制的な領域であるとする社会主義者たちもいます。この人びとからすれば、市場が社会に含まれることなどはありえず、むしろ両者は対立しているのです。それどころか、市場と国家とが連携して、社会を抑圧しつつあるということになります。社会主義者といってもいろいろありますが、彼らは強制的な領域としての国家と市場とがともに廃止されることを、少なくとも理想としては描いています。つまり、社会が全面化することを望んでいるのです。

これに対し、ここで論じてきたことからすれば、そもそも社会と国家、社会と市場は密接な関係にあり、簡単に分離できるようなものではないのです。したがって、ある領域にだけ問題が集中しているということはない。国家が一概に悪いとか、市場が一概に悪いとは言えませんし、もちろん、社会が一概に悪いとも言えない。逆に、何かは全面的に正しく、したがって、その領域が全面化することが望ましいということもできないのです。

この言い方は無責任だと思われるかもしれません。裁判官が悪人を名指しし、彼を裁くように、私たちは、悪が宿る領域を指差すべきだ、というかもしれません。しかし、私たちは政治を裁判のように運用しなければならないと、あるいはそうできるといえるのでしょうか。政治は人間の複雑さに対応した営みです。人間は複雑なもので、何を考えているか、何によって動かされているか、他人にはもちろん、自分にもよくわからないものです。

そうした人間の複雑さ、すなわち、利害によって動いているのか、アイデンティティに従って動いているのか、人を蹴落とそうとしているのか、人を助けようとしているのか、よくわからないということを示すために、絶望的なまでにあいまいなものとして社会という言葉をあえて用いるのなら賛成です。しかし、人間は強制を必要とせず、利害関心と無縁になることもでき、単に他人との連帯だけを考えるような存在になることもできるし、そうあるべきだという文脈で、あるいはそれと似た平板な理念として社会という言葉を用いることには賛成できません。

第七章　限界

——政治が全面化してもよいのか

政治からは逃げられない

政治を汚いものとして毛嫌いしたり、政治のない世界に逃げ込もうとしたりするのは不毛なことです。実際には、政治はあらゆることに影を落としますし、あらゆるところに浸透する。私たちが政治から逃げたからと言って、政治は私たちを逃がしはしない。私たちはいずれにしても政治と向き合うしかないのです。

今日の日本では投票率がきわめて低い。いろいろな理由が考えられますが、人びとが忙しく、他にやることがたくさんあるからかもしれません。魅力ある政治家がいないし、しっかりとした政党がないという理由もあるかもしれません。いまの政治状況では政党間に政策的な距離がなく、政策的な対立軸がはっきりしていないので、その中から選択する意欲がわかないということもあるでしょう。しかし、理由が何であるにせよ、棄権という行動をとれば、結果的に他の人びとの発言権を、つまりあえて投票した人びとの発言権を強めるだけです。政党や政治家は、必ず投票に行くと見られる層の意向を最優先に考える傾向があります。棄権することは政治に何の影響も及ぼさないわけではなくて、明らかに影響を及ぼすのです。

そんな面倒なことをいうなら、選挙などやめてしまう、という選択肢だってあるかもしれません。しかし、仮にそうやって民主政治をやめれば、私たちは政治から自由になれるのでしょうか。そんなことはありません。その場合には私たちは、固定した権力に従い続けなければならないことになります。

したがって私たちは、意見を求められた時には、とりあえず目の前の選択肢の中から、どれかを選ぶしかない。しかし、もしも、多くの人びとが、選びたい選択肢がなくて不満をもつような状況があるとすれば、それは代表制にとっての危機といえます。その場合には、まずは私たちを代表しようとする政党や政治家の側が、きちんとした選択肢を用意するように努めるべきですが、同時に私たち一般の有権者も、重要な政策が争点となっていないことを、さまざまな回路を通じて訴えていくべきです。

すでに「代表」の章で見たように、私たちの意見を代表するやり方としては、選挙以外にも、世論調査もあれば街頭でのデモもあります。そして直接投票も、一つの有力な代表の仕方なのです。選挙や政党政治が十分に機能していないなら、それ以外の政治をもり立てることで、政治家たちを包囲していくべきです。逃げていても、政治家たちに白紙委任することになるだけです。政治家の地位を直接左右する選挙以外は効果がないという意見もありますが、そんなことはありません。大きな動きは必ず政治を動かします。

政治の暴走

このように政治そのものから逃れることはできないということを、まず確認しなければなりません。しかし、そのことは、あらゆる事柄をつねにその場その場の政治的な選択に委ねるべきだということを意味するものではありません。この点をしっかりと区別する必要があります。

あらゆる分野に政治が介入していることを、政治が強まっていることの表れであり、政治の復権であるとして歓迎する人びとがいます。彼らによれば、専門家というのは、選挙で選ばれた人びとではないので、民主政治による決定につねに従うべきなのです。専門家が政策決定を左右するのは民主主義に反している。人びとの意思と無縁なところで、専門的に見ればこうなるなどと言って、政策を決めていいのか。それでは、政治の意味がなくなる。政策は世論にもとづいて、具体的には世論を代表する政治家の意見によって決められなければならない。本当の民主政治にするために、政治家主導で、あらゆる分野について民意が反映されるように改革を進めるべきだ、というわけです。

こうした考え方にも、重要な面があります。とりわけ日本のように、かつて軍隊の暴走を止められなかった過去をもつところでは、専門家の役割を限定し、政治の役割をしっかりと確認していく必要があるでしょう。戦後は、文民統制が制度化され、自衛隊に対しては、それが暴走しないような手立てがひとまず用意された半面、「官僚支配」とさえいわれるように、官僚制の力が強くなりすぎたといわれています。それぞれの省庁や、さらにはその中の部局が、自分たちの勝手な都合で行動するようなことに対しては、監視が必要です。

しかしながら、だからといって、逆に政治を絶対化し、何にでも政治が口をはさむようになればいいのかといえば、それもまた問題です。何でも「やりすぎ」はだめなのであって、軍隊の突出や官僚の突出も問題なら、政治家の突出も問題です。戦争に関してさえ、文民の政治家のほうが軍人よりも好戦的で向こう見ずであった事例は歴史的にも数多くあります。国民が経済的な利益を求めたり、閉塞感を打ち破ろうとしたりして、戦争を待望するということもありうるのです。かつては、一般の人びとは無条件に戦争を嫌うものであり、したがって民主化すれば戦争はなくなるという考え方もありましたが、必ずしもそうはなっていません。まして、ほかの政策分野について、民主的に選出された政治家だからといって、つねに口を出していいということにはならないでしょう。

むしろ、ある領域については、あえて政治の対象からはずしておいたり、ある種の機構を政治に対抗するような形で制度として組み込んでおいたりしたほうが、政治を健全に機能させるためにいい場合もあります。政治の外側にあって、政治を限界づけるものについて考えてみましょう。

教育と政治

まずは、教育と政治の関係を改めて取り上げてみます。近代社会では、税金を使って学校を運営する公教育が一般的です。そして、公教育では、標準語といった特定の言葉を子どもたちに教え込む。このこと一つをとっても、教育というもののもつ権力性は明らかです。それぞれの地域で使われてきた言葉、親から受け継いだ言葉をいわば相対化してしまうわけです。そして、それぞれの地域に根ざした文化ではなく、どこか遠いところで発達した文化を受け取るように子どもたちに迫るわけですから。そういう意味では、教育というものはもともと政治的なものなのだということもできます。しかし、そのことと、選挙で首相や知事や市町村長が変わるたびに、教育内容が根本的に変わってもいいということとは話が違うでしょう。

教育内容を決めるのは教師だということが当然の前提とされていた時代もありました。そして、専門性をもつ教師たちは、何を教育するかについて自然と意見が一致するはずだと考えられていたのです。教師はある特定の専門分野に関する知識をもっているし、教育方法についてもよく知っているので、教師の専門性に委ねればいいのだという考えが強かったわけです。ちょうど私たちが病気になったら、病院に行って医者に頼ったり、法律問題については法律家の助言に従うのと同じように。しかし、一般の人びとの教育水準が上がる中で、教師の学識に対する敬意が失われ、教師に任せておけないという雰囲気が生み出されたようです。

以前には人びとの間に、政治から教育を守らなければならないという意識も共有されていました。国家が子どもたちを戦争に駆り立てた歴史を背景として、再びそうしたことが起こらないように、教師と親や子どもが一体となって教育への国家の介入に抵抗するという構図がありました。その構図が次第に崩れて、今では国家や自治体と親とが結びついて、両側から教師を攻撃するという構図すら出てくるようにもなりました。

そのさいに強調されるのが、安定した身分である教師たちは、集団として既得権を握っているのではないか、という論点です。いまの地位に安住して、十分な努力もしていないし、競争にもさらされていないのではないか。民間のさまざまな分野では、市場化が進んで競争が激しくなっている中で、教育だけが競争の例外とされたままでいいのか。市場を重視する立場からのそうした疑問や反発が強まり、教育を市場化・競争化していこうという流れが強まっています。

こうした局面で、政治は、二つの方向から教育にかかわろうとしています。一つには、このような教育の市場化を、政治の力によって進めようとしています。もっとも市場化の政治というのは、ある種の矛盾を含んでいます。というのも、それは政治の力を見せつけ、政治を一瞬輝かせるかもしれませんが、本当に市場に委ねられてしまえば、その領域にはもう政治は及ばなくなるからです。とはいえ、民意を代表する政治家が既得権の牙城に切り込む、といったことへの期待には根強いものがあります。

教育への政治のもう一つのかかわり方は、より直接的なものです。民意を代表する政治家が教育の根本的な方針を決めるべきだという考え方が出てきて、それなりに支持を得ています。これは教育に対する民主的な統制と見ることもできますが、しかし、どこまで教育に政治の介入を許すべきなのでしょうか。教育は子どもたちのものの考え方に大きな影響を残します。その時々の政治家や与党の思想がそのまま反映するようなことで、安定したものとなるでしょうか。近隣諸国に対して勇ましい姿勢の政治家が選挙に勝ったからといって、学校がそろって極端な「愛国教育」に変わり、数年後にはまったく逆の方向に向かうといったことでは、世代間で話が通じないようなことにもなりかねません。教育内容等については、やはり、専門家集団の間でのゆるやかな合意のようなものを基本にすべきではないでしょうか。

文化・科学・学術と政治

教育内容を専門家の「聖域」としない考え方が広まった背景には、文化や学術が固有の価値をもつということへの疑いが広まっていることとも関係がありそうです。以前は、文化や学術には税金などで補助はしても、基本的に口は出さないということになっていましたが、これも専門性を尊重していたからです。評価については、専門家集団の内部評価にほとんど委ねていた。

ところが、最近では、芸術や学術・文化に関して、それをどこまで助成するかは政治が決めてもいいという考えが力を得ています。そして、教育で起きていることと同じように、そこに経済の論理が結びつく。どんな伝統芸術であっても、大衆芸術と同じように市場で競争すべきであり、競争に勝てないのなら、なくなってもいい。こういう考えさえ支持されるようになってきたのです。学術についても、すぐに産業化に結びつき雇用を生み出すと考えられるような研究分野の研究が奨励され、研究費も多く集まる一方、基礎研究のような分野や、ただちに経済効果を期待できないような分野は冷たくあしらわれています。

とりわけ、人文・社会的な学術分野については、経済効果が見えにくいことに加えて、それがある一つの「正しい」結論に収斂するわけではないことが、政治の介入を招きやすい。専門家集団の中で共有されている議論をそれなりに尊重するという姿勢に代わって、専門家の合意も一つの意見にすぎないし、それは既得権者の合意なのだから、民意を代表する政治家の意見のほうこそ優先されるべきだ、といった発想も出てきているのです。

このように文化や学術は、経済の論理で武装した政治によって統制されるようになっているのですが、その一方で、政治が科学や学術に過度によりかかっている面もあります。本来であれば、科学や学術は、専門的な立場から政治を制約する役割をも果たしうるはずです。しかし、現実は必ずしもそうではありません。審議会などで政策決定の場に多くの専門家がかかわっていますが、独立した立場から、専門知識にもとづいて政策に対して適切な助言をしているというよりも、いわば「御用学者」として、政治家や官僚が示す政策決定を、学術の名の下に正当化し、お墨付を与えるだけの役割を果たしていることもあるのです。

とりわけ自然科学は、政治とは無縁なので、中立的な専門性が発揮できるとされてきましたが、実際には自然科学者の意見の中に、意識されないうちに一種の政治的な判断がまぎれこんでいる場合があることが明らかになっています。

たとえば、原発をどこまで安全なものにするかといったことを審査する際に、これ以上の安全性を追求すると費用がかかりすぎ、電気料金が上がって経済を圧迫しかねないから少し控えるといった判断をしている場合があるともいわれています。しかし、この専門家は装置の設計については専門知識をもっているとしても、電気料金の適正な水準について、まして、私たちの社会がどのようなものであるべきかについてまで、特別の発言権をもっているわけではないでしょう。安全性はほどほどでも電気料金が安い社会にしたいのか、電気料金が高くてもより安全な社会にしたいのかといったことは、原子炉の専門家などが決められることではありません。ところが、結果的に、自らの専門性とは無縁な領域についてまで、科学や学術の権威を背景に介入し、根拠がないままに政治的な判断をしてしまうことになります。

しかも、政治家や官僚の側が、自分たちの責任で何かを判断するのが嫌なので、自然科学者たちに対して、あえてふみこんだ判断を迫っている場合も多いといわれています。科学者は、誠実な人であるほど、それが万能ではないことがわかっています。また、データがまだ十分にないことについては、科学的にははっきりとしたことがいえないというのが科学者の態度です。ところが、世の中には科学、とりわけ自然科学はあらゆる問題についてただちに客観的で誤りのない結論を出すことができるものであるといった期待が強く、科学者に対して、無理に断定的なことをいわせることも多いのです。

必要なことは、それぞれの専門家がその専門知識によって有効な助言ができる範囲をきちんと確定することです。そうした領域に対しては、政治が介入すべきではありません。しかし、私たちの社会のあり方をどうするかといった問題については、逆に政治が決めるしかない。私たちの生活に対してきわめて大きな影響を与えかねないようなものについては、その時々の政府が勝手に決めたり、拙速に決めるのではなく、有権者全体でよく討論した上で決めなければならないことはいうまでもありません。もっとも、専門的な学術・

科学の領域と政治の領域とを切り分けること自体、簡単ではない。切り分け方について、一般的な答えはなかなか出ないかもしれません。開かれた議論を続けていくしかないでしょう。

違憲審査と政治

政治を制約する一つの有力なものが、すでにふれたように憲法です。なかなか変えられない憲法によって、政治の暴走に備えるのです。とりわけ大事なのが、アメリカで言えば、司法審査、日本で言えば、違憲立法審査です。こうしたものは、議会が多数で決めた法律であっても、憲法に違反している場合には無効にします。これは、少なくとも直接的には、民主的な制度とはいえません。多数の人びとの民主的な判断を、非常に限られた数の人びとの非民主的な判断によって無効にできるということですから。

しかし、これが憲法を守る番人の役割をしている。現在の憲法を前提とする限り、その枠内で政治は行われなければならないのです。ところが、これまで、日本の最高裁判所は、政治にかかわる事柄について、積極的な判断を避ける傾向がありました。国政選挙についての一票の格差の放置のように、誰が見ても政治家たちの自分勝手な行動が目立つ事柄についても、選挙無効の判決などは出さず、「違憲状態」のような表現に長い間とどめてきたのです。これは、民主政治を尊重する態度というよりも、ふみこんだ判断をした場合に反発を受けるのをおそれた、保身といわれても仕方がない姿勢ではないでしょうか。

裁判所が政治にかかわる決定に及び腰になる背景に、最高裁判事が政治的に選ばれるといった事情があります。もちろん、これ自体は、裁判所のほうが暴走しないようにするための制度です。しかし、その結果として、司法が信頼されるものとなるかどうかは、司法の内部努力だけによっては保証されないことになっています。どういう傾向の人が最高裁判事になり、違憲審査を行うかということ自体、私たちがどういう政府を選挙によってつくるかによって左右されるわけです。とんでもない政治家を選べば、とんでもない司法になってしまう可能性も当然ある。

結局、違憲審査に期待できるようになるかどうかも、私たちにかかっているのです。日本で裁判員制度が導入されたのは、専門家ばかりの司法が民意とかけ離れているという批判が高まったのがきっかけでした。この批判には的はずれの面も多々あったと思いますが、主権者である一般の人びとが裁判にも大きく関与する制度に変わり、私たちの責任を嫌でも意識しなければならないようになりました。いずれにしても司法というものは、政治の完全な外部にあるものではありません。しかし、それでも、政治の暴走に対する一定の歯止めとなる可能性をもつものです。

メディアと政治

メディアとはもともと、何かと何かをつなぐものという意味です。ですから、政治の世界でいえば、たとえば政党のように代表機能を果たすものも、一種のメディアであると考えることができます。それは、一般の有権者を議会などの政治的決定の場へとつなぐものだからです。しかし、政党は明らかに政治の内部にあるもので、政治を限界づけるものとはいえません。

伝統的に政治を監視するはたらきを期待されてきたのはマス・メディアです。最近では、インターネット上のいろいろな情報に頼る人がふえ、マス・メディア、とりわけ新聞のようなものは押され気味です。インターネットも一種のメディアととらえることができますが、そこではさまざまな人びとが意見を述べ、議論しています。インターネット上で一般の人びとがどのような意見を言っているかは、今では政治家や官僚も気にかけ、ときにはそれを実際の政策に取り入れています。このメディアの特徴は誰にでも発信ができる点にあり、人びとの考えていることが直接的に反映するものです。これは民意の代表(表象)という意味で重要なはたらきをもちますが、だからこそ、政治を制約するものというよりは、むしろ政治の一部と見なされるべきかもしれません。

これに対して、新聞やテレビなどのマス・メディアによる政治報道は、ふつうは編集されているので、ある出来事について「こう見るべきだ」とか、考えられる選択肢は「これとこれだ」と整理します。そこに、報道側の考え方がどうしても混入してきます。最近では、このことが恣意的な介入であると嫌われがちで、より生の形で情報が得られるインターネットなどに関心が向かう原因となっているようです。

それでもテレビの場合には、速報性が重視されるため、ほとんど編集されないままの「実況中継」なども多いですが、新聞では、発信できる情報量の制約も大きいため、記者らが集めた情報の大半を捨て去り、本当に確実で重要であると彼らが見なしたものだけを、しかも彼らの言葉で伝えることが中心となります。こうしたやり方は、「生データ」を求める今の世論の動向からすれば、余計なお世話としか見なされないかもしれません。しかし、すぐその場で伝えられない代わりに、過去の流れとの関係で解説が加えられたり、他の出来事との関連が指摘されたりすることによって、読者にとっても、政治を考える際の見通しがよくなる場合もあります。

また、そのように、少し時間をおいて、時間の流れの中で見直すことによって、政治家の嘘やごまかしが見えてくるということもあります。「実況中継」だけでは、その政治家の過去の発言や行動と、いまいっていることとの間に矛盾があっても、なかなか気がつきません。また、テレビの映像などは消えてしまうので、後で検証することも難しい。これに対して、いつまでも保存され、いつでも参照することができる新聞の政治報道などが存在することが、政治家や政党にとって、どれだけ圧力になっているか。その意味で、時代遅れとも見える、速報性の弱いメディアにも、政治の暴走を止める意味があるのです。

もっとも、マス・メディアの政治報道を担う「政治部」が、政治家と日常的に付き合うことによって、ふつうでは得られないような情報を得て、それを報道に生かすことができる半面、政治との距離感を失いがちなのも事実です。政治家の腐敗など当然報道すべきことを伝えなかったり、政府の広報部のような役割を果たすことさえあり、現状には多くの問題があります。

官僚制と政治

政治との関連で近年最も議論されているのが官僚制です。政治と官僚の関係を政官関係と呼びますが、これが日本政治における最大の問題点であり、この関係を改革するのが最重要課題だといわれてきました。しかし、私はそのような考え方は、物事の本質をとらえているとはいえないと思っています。

政官関係のあるべき姿は、しばしば身体になぞらえられます。政治が頭であり、官僚制が手足でなければならないというものです。しかし、人間の行動について、まず頭で決めてから手足が動いているのか、それともむしろ手足が反射的に動いて、それを頭が後から追認しているのかという議論さえあるように、私たちの行動は、事前にどこかで一から一〇まで決めて、それを別のどこかで実現するということにはなっていないのではないでしょうか。「手探り」で動くという表現があります。実際は動きながら考え、そして考えながら動くという、相互作用があるのです。政治と官僚との関係も同じようなものでしょう。政治が担う政策決定と官僚が担う政策実現とは、相互作用的で、同時進行的であるしかないのです。

もっとも、従来の官僚制批判は、官僚が手足としての役割どころか、政策決定を実質的に取り仕切っているのではないかというものです。その批判の前提には、政治家の側は何をやらなければならないかすでにわかっているので、あとは官僚が手足としてそれを実現すればいいという、政策についてのきわめて単純な見方があったのではないかと思います。つまり答えはもう出ているので、あとはやるだけ、ということです。

しかし、官僚制は、手足であると同時に目であり耳です。官庁にはさまざまなところから情報が集まってくる。また、日々ある分野について仕事をしているわけですから、それなりの専門性もできてくる。官僚制に一定の情報や知識が集まるというのは、世界的に見ても避けられないことで、行政国家化と言われているように、行政の力が強まるのはどこの国でも見られます。さらには、福祉国家を実現するためには、人びとについての膨大な情報を社会から吸い上げなければならないわけです。福祉国家を維持するためにも、どうしても官僚制が大きくならざるをえません。日本での官僚支配批判は、そうした世界的・歴史的な趨勢についての認識が十分でないように思います。

ルールを立法府である議会が決める。あとはいわば単純作業で、そのルールの中で具体的に作業をするのが官僚であるという役割分担が考えられてきました。

しかし、実際の政治過程がそのようになっているかは疑問です。複雑化した社会では、全体を間違えることなく動かせるようなルールを抽象的・一般的に考えて、それを実現すればいいということにはなりません。むしろ、いろいろな調整をしながら、少しずつ物事を動かしていくしかないということになるのではないでしょうか。

自己内対話としての政官対立

政治と官僚制の対立という見方からすると、政治家が民意を反映して選出されてくるのに対して、民意を反映していない官僚が立ちはだかって、いろいろな改革を妨害しているということになります。メディアもさかんにこうした見方を伝えます。

もちろん官僚は、それ自体一つの利益集団としての側面ももっています。つまり、官僚組織にとって利益になるような行動をしたい。たとえば、自分たちが退職後に天下りができるように、業界団体に利益誘導をすることなどです。もちろんそういう側面もあるのですが、そうしたことだけで官僚の行動のすべてを考えることは、不十分です。

なぜ官僚制が大きな「壁」として立ちはだかるのか。実はそれは官僚の力だけによっているのではなくて、この官僚の背後にはさまざまな利益団体があり、その力に支えられて官僚制が強力な壁になっているのではないか。しかもその利益団体を構成しているのは、実は私たち自身です。つまり、官僚がつくっているように見える壁の背後で、私たちがそれを支えているという面があるのです。

要するにこういうことです。民意を反映している政治と、民意を反映していない官僚制が対立しているという構図ではなく、それなりに民意を反映している政治と、それなりに民意を反映している官僚制とが対立しているという構図こそが現実を表している。そういう意味では、政治と官僚制との対立とは、かなりの程度、自己内の対話なのです。

物事を変えるには壁を崩さなければなりませんが、その壁がつねに自分たちの「外部」に存在していると考えることは、物事を単純化する見方です。そう考えている限りは、本当の意味で物事を変えることにつながらない。

私たちに必要なのは、官僚の背後に存在している利益や利権を、さらにいえば私たちの生活のあり方を意識することです。もちろん、物事を変えていくためには、単純な物語が必要になる場合もあるでしょう。「悪い官僚が跋扈《ばっこ》しているからだめなのだ」という物語を使って、壁を崩していくというのも一つのやり方かもしれませんが、あくまでもこれは一つの擬制、つまりフィクションであるということを意識していないと不毛です。

官僚制を自分たちの「外部」に置くのではなく、自分たちの一部としてとらえ、批判しない限りは、何も変わりません。私たちが変わることなしには、官僚制も政治も変わらないからです。

経済官庁は、いろいろな産業政策をやっています。そこには官僚自身の利益のためのものもあるでしょうが、すべての政策を官僚の邪悪な動機のせいにするわけにはいかないでしょう。たとえば、エネルギー政策の背景には、私たちの生活様式があります。電気が安ければいいという意見が強かったり、無関心な人びとが多かったからこそ、危険な原発が維持されてきたことも否定できません。ずっと反原発運動を展開してきた人は別として、危険性について十分に関心をもたなかった、私を含む多くの人びとも反省しなければなりません。

あるいは、財務当局は財政の健全化をいい、増税の必要性をいい続けますが、ここにはもちろん省益という側面があるでしょう。財務当局の中の特定の部門は、税金を上げることによってこれを業績にできますし、財務当局は税を配分するのが仕事ですから、税がふえれば自分たちが使える資源が増える。仕事がやりやすくなる。しかし、このようなことだけが理由で増税論が出てきていると考えるのは、一種の陰謀論ですし、そう考えている限りは、私たちの政治はよくなりません。

財務当局は、財政の健全化や安定化を図るのが仕事です。それを目指すこと自体は決して悪いことではありません。なぜそういう役所を私たちはもっているのか。なくしてしまえば、私たちはより幸せになるのでしょうか。私たちは多大な借金をして、そのツケを国債という形で後世に先送りしてでも、現在の生活を守りたいという欲望をもちがちなわけですが、その私たちの欲望を放置しておいたら、政治が立ち行かないのではないでしょうか。いくらいまいましくても、それを抑える役割をもつ機関も必要ではないでしょうか。

ところが政治家は財務当局を悪者にして、省益のために財政健全化を言っているにすぎないという説明をして、歳出拡大を図りがちです。それは一つの物語としては通用しやすいかもしれません。そして、いまを生きている人びとの都合を優先する民主政治からすれば、支持を得られやすい物語です。しかし、そうした陰謀論が広がった結果、財政赤字を後世にどんどん先送りしたり、財政が破綻したりするとすれば、それは政治のあり方として問題です。

同じようなことは、外交政策についてもいえます。外交方針が従属的であるとか、特定の関係だけを重視する思考停止に陥っているという批判は可能です。しかし、これは単に外交当局が無能だからというよりも、私たちの姿を映し出しているものと見るべきではないでしょうか。もちろん、さまざまな抵抗の動きもありましたが、それでも変えることができなかったとすれば、それは私たちの問題でもあるのです。

健全な政治のために

私たちは、選挙を通じて、あるいはその他のいろいろな回路を通じて、政治に私たちの声を代表させていくことが必要です。そのために、変化に抵抗する壁とたたかわなくてはならないこともある。しかし、その壁の向こうには私たち自身が立っていることも思うべきです。自分たちが「共犯関係」にあること、つまり壁を支えていることを無視して、単に官僚を黙らせれば社会が根底から変えられるという発想は幻想にすぎません。

他の章でもふれたように、民主政治を選挙だけに一元化し、選挙の結果として生まれた政権への異議申し立てを雑音と表現するような考え方に対して、私は反対です。民意を体現して成立した政権であったとしても、いつでも暴走しかねないわけですし、それに待ったをかける存在は貴重です。政治に歯止めをかける部分をもっておくこと、政治の限界を制度化しておくことが、政治を健全にし、長持ちさせるのです。

第八章 距離 ——政治にどう向き合うのか

戦後政治学を代表するある学者が、「ずるずるべったり」という感覚的な表現をよく使っていました。これは、政治への距離感のなさをうまく言い表している言葉です。距離感がないと、べったりとした塊《かたまり》や群れの中に埋没してしまい、政治が倫理性や批判性をなくしてしまうという危惧の念が込められています。

政治は私たち全体にかかわる物事を決める営みですが、その「私たち」のくくり方には本来、根拠がありません。ところが、「私たち」という単位がいったん成立すると、その存在を守ろうという力がはたらく。それに凝り固まろうとする。そういう力が政治のダイナミズムを生み出すという面もあるわけですが、しかし、「私たち」を守ろうとする力が暴走したり、既存の単位を絶対化したりすると、不健全な政治になります。

この章では政治にとって距離とは何であるかを考えてみます。距離をめぐる政治について、そして政治への距離について検討してみたいと思います。

「大衆」との距離

私たちは、誰かを反面教師として、それとの距離を測りながら、本来あるべき姿を考えることがあります。一九世紀以降の大衆社会を批判する議論では、「大衆」と距離をとることで倫理性を維持すべきだという主張がさかんになされました。

その頃は、政治や言論の世界は非常に狭い範囲に限られ、もっぱらエリートたちがかかわるものでした。大衆が次第に発言権をもつようになると、水準が低下するのではないかという恐れが生じます。それを反映したのが、大衆社会批判でした。大衆（マス）とは塊という意味です。不気味な塊が押し寄せてきて、それまでの自分たちの構築物を飲み込んでしまうという恐怖感が非常に強かった。大衆には動物のイメージも投影されました。生命を維持させることにしか関心のない、動物と同じ水準の人びとという見方がされたのです。そういう人たちが力をもつのは許されないといわれました。しかし、今日の立場から考えれば、大衆は自らの生命維持に不安をもつような立場に追い込まれていたから、そこに関心を集中しただけです。

生活について思いわずらう必要のない人たちだけが発言権をもっていた時代には、貴族趣味的なことがいえたわけです。大衆の安易さを批判する文脈で、貴族主義の必要性という言い方もされました。貴族主義の内実は大衆との落差、距離を指します。距離によって、自分たちエリートの倫理性を維持しようとしたわけです。

その後、二〇世紀になると、閉じた国民経済の中で人びとの平準化を図りながら、産業化を進めるという時代が続きました。質の高い労働者を安定的に得るために、教育を通じて言葉をならし、知識の共有を図った。こうして、同じような考えや趣味をもつ人びとが、労働者であり同時に消費者でもあるものとして大量に生みだされたのです。

ところが現在、グローバル化が進行する中で、国民という枠組みが根底から揺らいでいます。労働者も消費者も自国民である必要はもうありません。国民経済の一体性、均質性が批判され、生産性が低いとされた人びとや地域は切り捨てられようとしています。高齢化が進む中で、若く新しい労働力も十分に吸収できなくなっている。こうして新たな格差が生まれ、経済的条件をめぐって新たな距離が生まれつつあるのです。しかし、だからといって、今日、「大衆」との距離を保つことで倫理性を得ようとするということは考えられません。そのようなやり方が、思い上がりによるものにすぎないことが明らかになっているからです。

自分自身との距離

この状況で改めて必要となるのは、他人との間の距離よりも、自分自身との距離です。距離をもつというのは、対象化することです。自分たちが何をやっているのかをなるべく客観的に見つめることです。他者のまなざしを自分の中にもつことと言ってもいいかもしれません。

そんなことなどできないという考え方もあります。私たちはみな、ある関係の中にとらわれており、そこから自由になることはできないというのです。たしかに、私たちは何物にもとらわれない特権的な場所に立つことなどできません。自分の利益や都合を無視したところから出発することはできませんが、かといって、それに密着したままでいることもできないのです。なぜならば、私たちは閉じた存在ではないからです。

自分がやっていることは、必ず他の誰かから見られています。たえず対象化されている。それは避けられないことです。私たち自身が自分を見なくても、他の人からはますます見られるようになっている。「権力」の章で触れた監視社会化に見合う形で、あらゆる組織の可視化が奨励され、外部評価が求められるようになっています。企業もそうですし、大学もそうです。どんな組織も内部で何をしているかを外から評価され、それによって投資や補助の額などが決まってくる。市場の中で消費者としての選択をしやすくするために、どんな組織もガラス張りにするという流れが強まっているわけです。

こうした外部からの評価をやめてくれと言ってもやめてはくれません。とすれば、先取り的に外部からの視線、他者のまなざしを意識することで、自らが自らを評価するしかないのではないでしょうか。そうした自己評価は手前味噌になるか、そうでなければ、過剰に自虐的になりがちです。しかし、外部からのまなざしに対抗するには、自らを見るしかないのです。

まなざしの権力そのものを破壊すべきだという考え方もあるでしょう。現在の権力のあり方に距離をとる最もラディカルな考え方といえますが、すぐに力をもつことはなさそうです。外部からの視線に抵抗するには、自らを内在的に対象化するしかないのです。私たちは、見られていることを折り込んで行動するしかありません。こうした事情を「再帰的」な環境、つまり自分自身にはね返ってくる状況といったりします。私たちにとって、これがどんなに不愉快で嫌なことでも、避けるわけにはいきません。私たちは評判を通じて外部とつながっているからです。

敵対性はどこにある

政治の本質をめぐっては、それが敵対性にあるという考え方が有力です。敵を想定して、それとの違いを意識してたたかうことで、政治のダイナミズムは生み出されるという考え方です。確かにそういう面もあるでしょう。実際、政党政治は、そうした敵対性を制度化したものです。敵対性は、そのまま暴走していけば、紛争や戦争になってしまう。そうならないように、暴力ではなく言葉を用いて、あるルールの下で敵対するようにしたのが政党政治です。民主政治を考える際に、敵対性の側面に目を向けないわけにはいきません。

しかし、制度化した敵対性としての政党政治の歴史は、実はそれほど長いものではありません。イギリスやアメリカでも、たかだか二〇〇年ぐらいしかない。それ以外の国で一般化したのはもっと最近のことです。その意味では、歴史的な現象なのです。

もともとは産業化の中で、資本家と労働者が異なる利害をもち、それぞれの階級が政党をつくって、それが競い合う形で政党政治がつくられていきました。階級間の距離が政党間の距離となったのです。政党間の距離を形づくるものとしては、階級以外には地域差もあります。アメリカでは、歴史的な流れもあって、それぞれの地域で政党色があります。大統領選挙を何度やっても、ほとんどの州では共和党か民主党のどちらか決まったほうが勝つことになっています。ごく一部の州で変化が出ることで、政権交代が起こるのです。

要するに、政党政治においては、階級にせよ、地域にせよ、そうした明らかな亀裂、距離があったということです。そして、もともと社会の中にあった敵対性が政治の中に定着すると、それ自体が自己運動していきます。争点は変化しても、いろいろな選択肢で距離をとる技法が維持されていくのです。

日本の場合、一九九〇年代から二大政党制的な敵対性のあり方を政治に導入しようとしましたが、必ずしもうまくいっていません。その理由は、階級などのわかりやすい対立軸を基礎にした敵対性が設定しにくいことにあります。特定の政党に対する固い支持層は薄く、浮動票が非常に多い。政党の支持が、社会的・経済的な立場の違いにもとづいていませんし、地域的な偏りもあまりない。そのため、政党の支持がきわめて流動的になっているのです。そうなると、政党の間で距離がとりにくく、敵対性の根拠があいまいになります。ですから、敵対性というと、単に政権与党を批判するだけになってしまう。敵対性を持ち込みにくい社会構造になっているために、二大政党制的な政党政治が定着しにくいのです。

このことは、階級対立のような対立軸が意味を失ったということではありません。それどころか、近年、経営者や会社に投資する人びとの取り分が大きくふくらむ一方で、社会の大多数を占める働く人びとの取り分が全体として減っていく傾向がみられます。これが正当化できるかは、明らかに政治的な争点です。

しかし、労働者対資本家といった単純な図式だけで、今の対立構造を割り切れるわけでもない。たとえば、同じく働いている人びとの間で、いわゆる正規雇用の正社員とされる人びとと、非正規雇用とされて正社員より大幅に安い賃金で働いている人びととの間でも対立があります。非正規とされた人びとからは、正社員の賃金を今よりも下げることで、同じ仕事をしている自分たちの賃金が上がるようにして欲しいとの声もあります。これに対しては、働く人びとの間に分断を持ち込むものだという批判もある。経営者や投資家の取り分を減らせばいいだけである、というのです。もちろん、そう考える余地もあるのですが、それでは正規雇用と非正規雇用の間に対立軸はないのかといえば、そうともいえません。それもまた一つの対立軸であることを認めるべきだと思います。

それ以外にも、たとえば世代間の対立軸もあります。日本では少子化と高齢化が急速に進む中で、若い世代は上の世代に比べて、生涯で得られるものは小さく、より多くの貢献をしなければならないといわれています。もちろん、上の世代にも生存権がある以上、その人びとの生活は支えられなければなりません。しかし、それによって、下の世代の生活が成り立たないようであれば、政治的に調整する余地があります。こうした世代間対立といったことは、家族や職場の中に分断を持ち込むことになるので、論じたくないという傾向が強い。そのこともあって、そこに対立軸があることすら認めない議論もあります。しかし、私は、それもまた一つの対立軸であることを認めるべきだと思います。

このようにさまざまな対立軸があり、それらが相互に交差しているので、左か右かといった、一次元的な距離ですべてを語れた時代のようにはいきません。

負担配分の政治とナショナリズム

今日では、経済のグローバル化の中で、経済の先進地域の優位性が弱まっていることは否定できません。どうしても、雇用は賃金の安いほうへと流れるからです。どの先進国でも、経済成長は鈍くなっています。また日本では特に、少子高齢化が進む中で社会保障費の割合が増えていますが、税収は伸びませんから、財政赤字は増える一方です。

こうした中で、政策決定はかつてのような利益配分であるよりも、負担配分となりがちです。多数派にとって不愉快な政策がどうしても出てくる。しかし、多数決である限り、そうした政策は通りにくい。多数派が嫌がるような政策を提起する与党に非難が集中し、野党に人気が集まる。しかし、そうして政権交代が起こり、今までの野党が与党となっても、やはり同じように負担を求めざるをえなくなるわけです。このように、今では政策的に異なる勢力の間の敵対性というよりも、ある時点での与党と野党との間の敵対性が目立つようになる。そして、与党への不信任が連続して起こっていくことになります。

こうして政党政治があまり機能しなくなると、いわば擬似的な争点、つまり本当の敵対性を避けるための見せかけの敵対性を導入しようという誘因がはたらきます。その最たるものがナショナリズムです。国内の問題を人びとが見ないようにするために、国境線の外側と距離をとり、それを攻撃することで、束の間の支持を得ようとする。しかし、これはあまり生産的な距離のとり方とはいえません。外国に対して敵対的にふるまうことは、どんな国家にもできます。それは、外国と仲よくしていくよりもはるかに簡単なことです。そして、国内で不遇だと思っている人びとにとっても、ナショナリズムは自分たちの溜飲を下げてくれる数少ないものです。そのため、さまざまな政治家たちは、こうした道を選択し、人びともそれを支持しがちですが、それは問題を先送りするものでしかありません。かつての世界であれば、それぞれの国民国家に引きこもるという選択肢もあったかもしれませんが、今はそんな選択肢はありえないのです。

距離の喪失

長い間、物理的な距離の近さが政治にとってきわめて大切だと考えられてきました。古代ギリシア以来、政治は閉じられた、それほど広くない範囲で行われるとされてきたのです。狭い範囲では人びとの結びつきがより強いですし、政治もやりやすくなると考えられた。これと同じ発想が、近年の日本の分権論にも見られます。日本では中央集権があまりにも強かったので、地方分権をある程度進めるのは必要なことです。また、国民国家が相対化され、それよりも小さな単位の政治的意味が大きくなっているのも事実でしょう。地元のことをよくわかっているので、きめ細かな対応ができるというのもその通りでしょう。霞ヶ関から「遠隔操作」するようなやり方よりも、うまくいく面もあるでしょう。

しかし、これまでは国民国家という、いわば「まゆ」の中にあることで、地域が保護されてきた面も否定できません。それぞれの地域がそれほど国際競争力がなくても、国内の市場向けに商売をすることができました。ところが、今ではどんな地域も国際競争にさらされ、競争力が弱いと見なされたところは難しい状況に直面しています。こうした中で、ただ身近な自治体に権限を与えさえすればうまくいくというのは、いかにも楽観的すぎる見方のように思われます。

地方の政治家はしばしば、中央の官僚制が足かせとなっているので、それさえはずせばすべて解決するようなことを言い、人気を博していますが、どうでしょう。国という「外部」のせいにすることによって、地域に有望な産業が見つからないという真の問題から、目をそらさせているにすぎない場合が多いのではないでしょうか。単に距離が近いからといって、あらゆる問題を解決できるわけでもないのです。

今日では、これまでの距離感が大きく変化してきています。従来、遠いとされてきたところが近いことが明らかになっています。距離そのものが消失してしまう状況も見られます。まずは、経済に関してです。世界経済がより緊密に結びついているため、どこか遠くの国で起きた経済危機が、すぐさま自国の経済にも大きな影響を及ぼすようになっています。

次に、環境の問題があります。原発事故がその典型です。従来、事故のリスクは立地自治体の問題だけと考えられてきたのですが、リスクの及ぶ範囲はそれをはるかに越えるということがはっきりしました。市町村の境界はもちろん、事故の規模によっては、国境線をもたやすく越えるのです。しかし、エネルギー政策の決定は各国ごとになされていますし、原発立地に対する発言権はほとんど立地自治体にしか認められていません。実際に被害をこうむる自治体や他国は重大な決定にかかわれないのです。この矛盾をどう考えたらよいのか。

これまで私たちは、重大事故の影響を自分たちの問題だと考えてはきませんでした。心理的な距離感と物理的なリスクの距離感にずれがあったのです。なぜ人びとはそのようなずれを抱え込んで、これまで危険性を現実として認識してこなかったのか。それは、リスクについて考えると、生活において必要な安全・安心の基盤、日常性の基盤が失われてしまいかねないからです。しかし、そのような対応は思考停止でしかない。本当の問題を回避しています。リスクを正面から見て、それに対応するのが本当の政治であるはずです。

そして、インターネット時代の到来があります。インターネット上のメールやブログ、ツイッターなどを通じて、世界中の誰とでも私たちは瞬時につながることができます。通信に関しては、かつてあったような時差はなくなりました。これによって、距離を意識しなくて済むようになった面があります。しかし同時に、かつて人と人との間を適度に隔てていた距離までがなくなり、プライバシーの喪失や個人情報の流出といったことも問題になっています。

こうして、政治にとって意味をもつとされる、距離をめぐる前提が大きく揺らいでいます。従来の距離感はもはや現実を反映していないわけですが、そのことが十分認識されていないのではないでしょうか。

政治の前提が変わった

これまでは、政治における距離の意味について見てきましたが、次に、政治そのものとの距離ということについて考えてみたいと思います。

これまでの政治の前提とされてきたものを、おさらいしておきます。政治は、主権国家の中で完結するものであり、敵対性のあり方も固定化していて、対立的な争点の間で多数派が選択すれば、物事が決まるということになっていました。そこでは、権力を小さくすればするほど人は自由となり、権力が不在なところで社会としてまとまることができると考えられていたのです。

しかし、いまではこうした政治の前提が失われてきています。経済のグローバル化と主権国家の相対化により、これまで自明とされてきた国民という単位で政治的な決定をしても、その効果が限定的になっています。その時に、政治がうまくいかないのは政治家のやり方が悪いからだとか、あるいは、政治家がやろうとしていることを官僚が外から妨害しているからだ、という議論は説得力をもちません。政権交代さえすれば、すべてうまくいく、という考えにも限界があります。政権を担っている政治家が無能だからうまくいかないので、有能な政治家に替えればいい、彼らが官僚の力を削げばいいのだ、という議論も一面的です。

政治がうまくいかないのは、何も日本だけの話ではありません。まず認めるべきことは、誰がやってもそうはうまくいかない状況になっているということです。もちろん、手法の違いや条件の違いにより、多少の変化はあるかもしれませんが、他の政治家がやったからといって、特段にうまくいくというものではありません。政治の前提がすでに変わってしまったのです。

経済状況が、自国の政策で左右できるものでなくなったのが大きい。産業の育成や為替のコントロールなどについて、政府の政策ができる範囲は限られています。一国の政府が何をやっても、より安い賃金を求めて雇用が流出するのを止めることはできません。為替水準を維持することも難しくなっています。税金についても、増税すれば企業は国外に逃げますし、そうした不人気な政策を民主的に多数決で決めることが難しくなっています。

どの国でも経済成長を目指さざるを得ないのですが、その一方で、生活不安が広がる中で、福祉に回す財政も削ることはできません。政策的な選択肢の幅が極端に狭くなっているのです。

こうすればうまくいくという解が誰にも見つけられなくなっています。政党間の政策距離が小さくなり、どの政党であってもやれることはそうは変わらない。それなのに、物事が一向に決まらないという焦りの中で、変えさえすればうまくいくという思いだけがどんどん強まっている。政党政治についても、揚げ足取り的な批判ばかりが横行し、健全な形にならない。これが現在の状況なのです。

政治との距離の大切さ

一般的にいって、政治に過度に期待することはあまりいいことではありません。過度な期待は絶望と紙一重です。期待が裏切られると、政治そのものへの絶望につながります。そして、政治などなくてもいいのではないかという話になってしまう。

ただし、政治との間に距離をとるべきだといっても、それは、政治をなくせばいいという話とは違います。逆説的ですが、政治を活かすためにこそ、政治に距離をとるべきなのです。政治に距離をとることで、政治は活きるのです。政治的思考にとって大切なことを以下にまとめてみましょう。

第一に、政治はさまざまな価値観にかかわるものであり、多様な価値観の間の調整こそが政治だということを理解する必要があります。もちろん、どんな価値観でもいいということではなく、明らかに採用できないような価値観もあります。役に立たない人は殺していいといった考え方は、明らかに倫理的に間違った価値観だと多くの人は見なすでしょう。しかし、そうした極論は別とすれば、政治的意見にはそれぞれ、それなりに部分的な正しさがあります。

たとえば、政府の介入を極力小さくして、市場に委ねるべきという考えがあります。これについて、貪欲さを全面化した間違った考え方だという風に、倫理的に批判をする人びともいますが、適切ではありません。そういう考え方も、あくまでも政治的な意見の一つとして認められるべきです。逆に、生存権や平等を重視し、政府の再配分機能に期待するというのも、一つの政治的な意見です。どちらもそれぞれに成り立つ考えであり、政治の場で議論をしていくしかありません。

政治的な討論を進めるにあたって注意すべきことは、政治は善悪を論じる場ではないということです。唯一の正しい答え以外は要らないという姿勢は、もはや政治的ではありません。正しくないことを言っている人は政治の場から退くべきという考えは、政治が機能する場をなくすことにつながるのです。

第二に、政治的思考にとって大切なのは、他の人との間の距離の感覚です。みなが自分と同じようなものだと考えてはいけない。人間は全面的にはわかり合えないものです。日本では従来、国民についての同質性の神話がありました。しかし、そうした中でも在留外国人の存在やさまざまな差別がありましたし、人間というものは暮らし向きが仮に同じであったとしても、考えていることは違うものです。まして、今日では格差が開きつつあります。そうした中で、差異を大切にしないのは、一人一人の人間の存在をないがしろにすることにつながります。みな同じなら、一人くらいいなくなってもかまわないということになりかねない。また、意見を一人ずつ聞く必要もなくなってしまいます。人が複数存在しており、よく聞いてみればそれぞれに意見があるからこそ、一人一人に意見を聞く民主政治が必要になるのです。

「みなが同じ」とする文化は、人と違った考え方をすることを抑圧します。これまでのやり方を変えようとすれば、変な人だとされてしまうからです。このことが、私たちの自由を大きく縛ることは間違いないでしょう。

とりわけ異文化と接触する局面、たとえば外交に関しては、距離感覚の欠如が、大きな障害をもたらします。歴史的な背景が異なり、地理的条件や経済的条件も違う外国の人びとは、違う考え方をするに決まっています。それなのに、自分と同じ考え方をするはずだと思って臨み、いざ裏切られると、まったく不可解であるとか、同じ人間とは思えないとかいって付き合いを断とうとする。こうした傾向が、これまでの日本外交にはあったように思えます。

ここでいう距離の感覚とは「間合い」のようなもので、極端に距離をとればいいわけでもなければ、距離のないべったりとした関係に入ってもいけない。そういう難しいものです。そして、外国の人びととそういう「間合い」を保てるのは、国内でもそうふるまえる人でしょうし、さらにいえば、自分自身に対しても一定の距離感がある人のような気がします。

よくいわれることですが、ユーモアとは自分に対して距離を置くことができるような態度と関係しています。深刻な問題であっても、少し距離を置いてみれば、たかだかこの程度の問題だということで、気持ちが少し軽くなる。それがユーモアでしょう。そう考えてみると、実は政治や外交にはユーモアが必要なのかもしれません。

第三に、複雑で先を見通せない不透明性の世界の中に、政治はあるということをいつも考えなくてはなりません。

政治は、利害関係を異にする生身の人間たちの対立を前提として、調整する作業をしなくてはならない。これは簡単な話ではありません。自然を相手にしているわけではないですから、すっきりした結論が出ないのも当然です。政治は複雑な活動です。さらに、政治は意図せざる結果の連鎖で物事が決まっていくものです。どこに権力があるかすぐわかるという権力観によれば、どんな出来事についても、それが誰の意図によってもたらされたかは明らかなはずです。しかし、独裁体制であればともかく、民主政治のもとでは、ある物事を特定の人の意図に帰すことはできません。いろいろな人の動きの中で物事は決まっていくのであり、当然、その過程には不透明さがつきまといます。

ですから、政治的に何かを変えようとすると、手探りの作業にならざるをえません。短期間で、簡単に何かを変えることはできないのです。積み重なった積み木の中から一個引き出すようなもので、引き出し方を間違えると全体が崩れてしまいます。ある部分を変えようとすると、まったく別のところがおかしくなるということもあるのです。まるでガラス細工のようなものです。政治は人間社会にかかわる複雑な作業だということに、まずは「おそれ」をもつべきだと思うのです。政治に対して距離をとらない人は、政治の課題を単純化してとらえ、ちょっとした工夫や新しい制度、あるいは新しい憲法さえあれば、すべてうまくいくように考えます。これは政治という営みの特質をふまえていない考え方といわざるをえません。

政治の複雑性や不透明性をたえず意識し、自ら当事者として関与しながらも、政治に距離をとるというのが、政治に対する向き合い方です。それは簡単なことではありません。マニュアルのようにして単純化して伝えることができるものではないでしょうし、そもそも言語化できるものでもないのかもしれません。センスの問題だと言ってもいい。しかし、政治への距離のとり方は経験を通じて学ぶことができるはずです。政治的思考をどう身につけていけるかが問われています。

あとがき

政治についての書籍はおびただしく出版されています。近年の「政治改革」に伴い、どんな政治制度が望ましいかや、政治家・政党がどうあるべきかも活発に論じられてきました。それなのに、一向に政治がよくなったように見えないのはなぜなのか。政治の前提条件が根本的に変わったのに、旧態依然の政治の見方が主流だからではないでしょうか。あるいは、私たちの政治が民主政治である以上、政治家に要求するだけでは十分でなく、有権者自身が考えを深めなければならないのではないでしょうか。本書は、そのような観点から書かれています。

岩波書店の小田野耕明さんから、新書執筆の依頼を最初に受けたのがいつだったか思い出せません。はるか昔であることは確かです。その後、いくつかの企画が浮かんでは消えました。今回、しびれを切らした小田野さんが私の研究室に何度も足を運び、談話を取って文章に起こしてくれなければ、本書はまだ日の目を見ていなかったでしょう。

ここで私なりに試みた思索が、過去の多くの理論家・思想家たちの仕事の上にあることはもちろんです。しかし、それらの先達に言及することはあえて避けました。それは、権威ある名前にふれることで、読者が思考を停止してしまうことをおそれたからです。

本書は右に述べたような事情で、談話に大幅な加筆を加えたものです。ただし、第二章の一部と第六章は、以下の既発表文献を下敷きにしました。

第二章「自治体と代表制――競争としての代表＝表象」(自治体学会編『年報自治体学第19号 自治体における代表制』第一法規、二〇〇九年)

第六章「社会は存在するか」(井上達夫編『岩波講座 哲学10 社会／公共性の哲学』岩波書店、二〇〇九年)。

二〇一三年一月

杉田　敦

杉田 敦

1959年生まれ．東京大学法学部卒業
現在—法政大学法学部教授
専攻—政治理論
著書—『権力論』
『境界線の政治学 増補版』(以上，岩波現代文庫)
『政治への想像力』(岩波書店)
『デモクラシーの論じ方』(ちくま新書)
『両義性のポリティーク』(風行社) ほか
編著—『現代政治理論 新版』(共編，有斐閣)
『丸山眞男セレクション』(平凡社ライブラリー) ほか
訳書—『アメリカ憲法は民主的か』(ロバート・ダール著)
『プルーラリズム』(ウィリアム・E．コノリー著，共訳，以上，岩波書店) ほか

政治的思考　　岩波新書(新赤版)1402

2013年1月22日　第1刷発行
2023年4月14日　第8刷発行

著　者　杉《すぎ》田《た》 敦《あつし》

発行者　坂本政謙

発行所　株式会社 岩波書店
〒101-8002 東京都千代田区一ツ橋 2-5-5
案内 03-5210-4000　営業部 03-5210-4111
https://www.iwanami.co.jp/

新書編集部 03-5210-4054
https://www.iwanami.co.jp/sin/

印刷・三秀舎　カバー・半七印刷　製本・牧製本

ISBN 978-4-00-431402-8　　Printed in Japan

岩波新書新赤版一〇〇〇点に際して

ひとつの時代が終わったと言われて久しい。だが、その先にいかなる時代を展望するのか、私たちはその輪郭すら描きえていない。二〇世紀から持ち越した課題の多くは、未だ解決の緒を見つけることのできないままであり、二一世紀が新たに招きよせた問題も少なくない。グローバル資本主義の浸透、憎悪の連鎖、暴力の応酬——世界は混沌として深い不安の只中にある。

現代社会においては変化が常態となり、速さと新しさに絶対的な価値が与えられた。消費社会の深化と情報技術の革命は、種々の境界を無くし、人々の生活やコミュニケーションの様式を根底から変容させてきた。ライフスタイルは多様化し、一面では個人の生き方をそれぞれが選びとる時代が始まっている。同時に、新たな格差が生まれ、様々な次元での亀裂や分断が深まっている。社会や歴史に対する意識が揺らぎ、普遍的な理念に対する根本的な懐疑や、現実を変えることへの無力感がひそかに根を張りつつある。そして生きることに誰もが困難を覚える時代が到来している。

しかし、日常生活のそれぞれの場で、自由と民主主義を獲得し実践することを通じて、私たち自身がそうした閉塞を乗り超え、希望の時代の幕開けを告げてゆくことは不可能ではあるまい。そのために、いま求められていること——それは、個と個の間で開かれた対話を積み重ねながら、人間らしく生きることの条件について一人ひとりが粘り強く思考することではないか。その営みの糧となるものが、教養に外ならないと私たちは考える。歴史とは何か、よく生きるとはいかなることか、世界そして人間はどこへ向かうべきなのか——こうした根源的な問いとの格闘が、文化と知の厚みを作り出し、個人と社会を支える基盤としての教養となった。まさにそのような教養への道案内こそ、岩波新書が創刊以来、追求してきたことである。

岩波新書は、日中戦争下の一九三八年一一月に赤版として創刊された。創刊の辞は、道義の精神に則らない日本の行動を憂慮し、批判的精神と良心的行動の欠如を戒めつつ、現代人の現代的教養を刊行の目的とする、と謳っている。以後、青版、黄版、新赤版と装いを改めながら、合計二五〇〇点余りを世に問うてきた。そして、いままた新赤版が一〇〇〇点を迎えたのを機に、人間の理性と良心への信頼を再確認し、それに裏打ちされた文化を培っていく決意を込めて、新しい装丁のもとに再出発したいと思う。一冊一冊から吹き出す新風が一人でも多くの読者の許に届くこと、そして希望ある時代への想像力を豊かにかき立てることを切に願う。

（二〇〇六年四月）

政治

岩波新書より

日本政治 再生の条件　山口二郎編著
安保条約の成立　豊下楢彦
沖縄 平和の礎　大田昌秀
岸 信介　原 彬久
近代政治思想の誕生　佐々木毅
一九六〇年五月一九日　日高六郎編
人間と政治◆　南原 繁
非武装国民抵抗の思想　宮田光雄
日本の政治風土　篠原 一
近代の政治思想　福田歓一
戦争と気象　荒川秀俊

岩波新書より

法律

少年法入門　廣瀬健二
倒産法入門　伊藤眞
国際人権入門　申惠丰
AIの時代と法　小塚荘一郎
労働法入門〔新版〕　水町勇一郎
アメリカ人のみた日本の死刑　デイビッド・T・ジョンソン　笹倉香奈訳
虚偽自白を読み解く　浜田寿美男
親権と子ども　榊原富士子　池田清貴
裁判の非情と人情　原田國男
独占禁止法〔新版〕　村上政博
密着 最高裁のしごと　川名壮志
「法の支配」とは何か　行政法入門　大浜啓吉
会社法入門〔新版〕　神田秀樹
憲法への招待〔新版〕　渋谷秀樹
比較のなかの改憲論　辻村みよ子
大災害と法　津久井進
変革期の地方自治法　兼子仁
原発訴訟　海渡雄一
民法改正を考える◆　大村敦志
労働法入門◆　水町勇一郎
人が人を裁くということ　小坂井敏晶
知的財産法入門　小泉直樹
消費者の権利〔新版〕　正田彬
司法官僚　裁判所の権力者たち　新藤宗幸
名誉毀損　山田隆司
刑法入門　山口厚
家族と法　二宮周平
会社法入門◆　神田秀樹
憲法とは何か　長谷部恭男
良心の自由と子どもたち　西原博史
著作権の考え方　岡本薫
法とは何か〔新版〕　渡辺洋三
日本の憲法〔第三版〕　長谷川正安
憲法と天皇制　横田耕一
自由と国家　樋口陽一
憲法第九条　小林直樹
日本人の法意識　川島武宜
憲法講話◆　宮沢俊義

(2021.10)　◆は品切，電子書籍版あり．(B)